本书系安徽省哲学社会科学规划项目"长三角一〔　　　　　　　　〕体旅融合高质量发展研究"（项目编号：AHSKYY2023D063）的研究成果

本书获淮北师范大学学术专著出版专项经费资助

体育、文化与旅游融合高质量发展研究

戚跃　著

辽宁人民出版社

图书在版编目（CIP）数据

体育、文化与旅游融合高质量发展研究 / 戚跃著 .
沈阳 : 辽宁人民出版社，2024. 12. -- ISBN 978-7-205
-11242-4

Ⅰ . F592.3

中国国家版本馆 CIP 数据核字第 20243S28D1 号

出版发行：辽宁人民出版社
　　　　　地址：沈阳市和平区十一纬路 25 号　邮编：110003
　　　　　电话：024-23284321（邮　购）　024-23284324（发行部）
　　　　　传真：024-23284191（发行部）　　024-23284304（办公室）
　　　　　http://www.lnpph.com.cn
印　　刷：定州启航印刷有限公司
幅面尺寸：170mm×240mm
印　　张：14.5
字　　数：210 千字
出版时间：2024 年 12 月第 1 版
印刷时间：2024 年 12 月第 1 次印刷
责任编辑：张婷婷
装帧设计：寒　露
责任校对：吴艳杰
书　　号：ISBN 978-7-205-11242-4
定　　价：88.00 元

前　言

党的二十大报告提出："坚持以文塑旅、以旅彰文，推进文化和旅游深度融合发展。"这为新时期体育、文化与旅游融合发展指明了前进方向，也为文旅融合战略的实施提供了根本遵循。《"十四五"体育发展规划》《"十四五"旅游业发展规划》等国家层面的规划方案也将发展体育融合产业作为重要内容，旨在通过融合的方式增强体育产业对经济的贡献。在这一背景下，"体育＋文化＋旅游"的融合模式逐渐显现出强大的溢出效应，为中国式现代化发展提供了新的动力和支撑。

随着我国社会主要矛盾发生变化，满足人民日益增长的美好生活需要成为国家发展的重点。因此，丰富人民的休闲文化生活、挖掘体育和传统文化的发展潜力，拓展"体育＋文化＋旅游"的融合空间变得尤为重要。这不仅是满足人民日益增长的美好生活需要的有效路径，也是产业振兴和经济发展的关键策略。鉴于此，笔者撰写了《体育、文化与旅游融合高质量发展研究》一书，共设置了八章内容，各章内容如下。

第一章：介绍体育、文化与旅游的相关概念，以奠定必要的理论基础。探讨体育、文化与旅游融合的重要性和可行性，强调三者融合的原则。分析体育文化旅游产业发展中的相关关系，揭示这些领域相互依存的复杂性。

第二章：探索体育、文化与旅游产业融合的理论之基。从创意经济理论到产业融合理论、体验经济理论、可持续发展理论，再到共生理论，每一节都深入讨论支撑体育、文化与旅游融合的理论观点。

第三章：深入研究体育、文化与旅游产业融合的发展机理，逐步解析体育、文化与旅游产业融合的基本条件、核心要素以及动力因素，对理解如何有效实施和管理体育、文化与旅游融合提出实质性的见解。

第四章：提出几种体育、文化与旅游产业融合的发展模式，包括渗透型融合发展模式、延伸型融合发展模式、重组型融合发展模式、线上线下融合发展模式，旨在促进体育、文化与旅游高质量的融合和发展。

第五章：聚焦体育、文化与旅游产业资源的开发与利用，以及这些资源的管理和可持续发展问题。

第六章：探讨产业竞争力的相关理论，分析体育、文化与旅游产业集群竞争力的构成要素，在此基础上提出全面提升体育、文化与旅游三大产业集群竞争力的具体对策。

第七章：讨论体育、文化与旅游产业融合发展的效益评价，包括评价概述、原则、内容和策略等方面，旨在帮助政策制定者和行业实践者更好地理解体育、文化与旅游融合发展的效果。

第八章：通过分析"京张"体育文化旅游带、黄河流域体育文化旅游长廊以及长三角区域文体康旅一体化融合发展等创新案例，展示体育、文化与旅游融合发展的成功实践。

由于笔者水平有限，书中难免存在不足之处，望各位读者、专家、同行斧正。

目　录

第一章　概论

第一节　体育、文化与旅游的相关概念

一、体育的相关概念

（一）体育

关于体育的定义，《现代汉语词典》给出的解释是："①以发展体力，增强体质为主要任务的教育，通过参加各项运动来实现。②指体育运动。"体育在人类社会的发展中，不仅是一项运动，更是一种独特的文化现象。在发展历程中，体育不仅受到政治、经济的影响，也深受文化、意识形态的影响。体育作为人类社会发展的必然产物，反映了社会发展的多个方面。随着社会的进步，人们的物质需求逐渐得到满足，精神需求也逐渐得到重视。在这样的背景下，体育运动成为满足人类精神需求的重要途径之一。它不仅有助于人们调节心理和情感，还提升了人们的生活质量，丰富了人们的精神世界。

"体育"这一概念最初在法国出现，用于描述儿童的身体教育问题。随后，著名的法国哲学家让－雅克·卢梭（Jean-Jacques Rousseau）在其

著作《爱弥尔》中再次提及这一概念，将"体育"用于对身体教育的描述。① 自此，"体育"一词开始在全球范围内传播。在中国，尽管"体"和"育"两字自古便有，且"体育"一词也曾出现，但其早期含义与现代的"体育"概念并不相同。

随着社会和时代的演进，体育的概念和内涵也经历了持续的演变。变化的原因主要是人们的思想认知和社会环境在不断进步和更新。如今，通常可以从广义和狭义两个角度来理解体育。从广义上看，体育是一种以身体锻炼为基础手段的有意识、有组织的社会活动。其核心目的在于增强体质，促进人的全面发展，同时丰富社会文化生活并推动精神文明进步。作为社会文化的一个组成部分，体育的发展不仅受到所在社会的政治和经济条件的影响，也服务于这些领域。从狭义上来看，体育被界定为一个专注于发展身体和增强体质的教育过程。它不仅涉及传授锻炼身体的知识和技能，也包括培养道德和意志品质。总体来说，体育是对人体进行培育和塑造的过程，是教育体系的重要组成部分，对培养全面发展的人才具有关键意义。

（二）体育产业

目前学界对体育产业的定义尚无统一共识，不同学者根据自己的研究角度提出了不同的观点。这种定义上的多样性虽然给我们直观理解体育产业带来了一定困难，但也反映了体育产业内涵的丰富性和多元性。例如，李亚慰在其著作《布局与结构：区域体育产业发展研究》中，通过分析体育产业的特点，将体育产业界定为体育运动及其文化要素以实物或服务的形式进入市场，供消费者享用，包括全部经济联系和相关企业组织的综合集合。②

在探讨体育产业的定义时，不同学者提出了各自独到的见解。尹雨

---

① ［法］卢梭：《爱弥尔》，天津人民出版社 2008 年版，第 31—38 页。
② 李亚慰：《布局与结构：区域体育产业发展研究》，上海交通大学出版社 2015 年版，第 28 页。

嘉在《当代体育发展诸元导论》中定义体育产业为向社会提供体育产品的经济活动集合及相关经济部门的总和；体育产品不仅包括体育用品，还包含体育服务；涉及的经济部门不限于企业，还包括其他从事经营性活动的机构，如事业单位、社会团体及个人。[①] 谢朝波从广义和狭义两个角度对体育产业进行了阐述：在广义上，体育产业被视为全社会范围内提供体育产品的企业和相关部门的总和，包括体育服务业和体育相关产业；在狭义上，体育产业专指那些通过提供体育劳务来生产体育服务产品的企业和相关部门。[②]

结合上述学者对体育产业的定义，笔者认为，对于体育产业的界定，从广义的视角看，既要考虑市场主导下的营利行为，也要重视其服务于公众的目标。体育产业的范畴不应仅限于现有的核心体育产业，而应广泛包括与之相关的各类活动。同时，除了实体企业的生产和销售活动，人们还应关注政府及社会其他机构对体育产业发展的贡献。因此，体育产业可以定义为一个涵盖提供体育服务和产品给社会公众的广泛活动领域，以及所有与这些活动相关的活动的总和。

二、文化的相关概念

（一）文化

文化，广义指人类在社会实践过程中所获得的物质、精神的生产能力和创造的物质、精神财富的总和，狭义指精神生产能力和精神产品，包括一切社会意识形式，如自然科学、技术科学、社会意识形态，有时也专指教育、科学、艺术等方面的知识与设施。

人类传统观念认为，文化是一种社会现象，它是人类长期创造形成的产物，同时是一种历史现象，是人类社会与历史的积淀物。确切地说，文

---

① 尹雨嘉：《当代体育发展诸元导论》，光明日报出版社 2014 年版，第 129 页。
② 谢朝波：《当代体育产业发展与体育行为心理探究》，北京日报出版社 2019 年版，第 1 页。

化是凝结在物质之中又游离于物质之外的，能够被传承和传播的国家或民族的思维方式、价值观念、生活方式、行为规范、艺术文化、科学技术等，是人类相互之间进行交流的普遍认可的一种能够传承的意识形态，是对客观世界感性上的知识与经验的升华。

文化是人类在不断认识自我、改造自我的过程中，在不断认识自然、改造自然的过程中，所创造的并获得人们共同认可和使用的符号（以文字为主、以图像为辅）与声音（以语言为主，以音韵、音符为辅）的体系总和。更简练的文字表达如下：文化是语言和文字的总和。

（二）文化产业

文化产业包括文学、艺术、音乐、电影、电视节目、广播、出版、互联网媒体等多种形式。文化产业的核心在于创意和文化表达，其产品不仅仅是物质商品，更多的是具有精神价值和文化意义的作品。文化产业的发展与技术进步和市场经济的发展紧密相关，特别是数字技术的革新，极大地改变了文化产品的创作、分发和消费方式。文化产业是一个经济增长点，对于促进就业、增加税收、提高生活质量等方面有显著贡献。随着经济全球化的发展，文化产业还促进了文化的交流与融合，使不同文化背景下的创意和思想在全球范围内得到传播和接受。

三、旅游的相关概念

（一）旅游

旅游融合了"旅"和"游"两个概念。其中，"旅"指的是旅行或外出，即为了实现特定目的而在空间上从一个地点移动到另一个地点的过程。这种移动可能是出于各种原因，如商务、探亲、教育或其他个人目的。"游"指的是外出游览、观光或娱乐，这通常涉及旅行，但其核心目的在于寻求精神上的愉悦、放松或文化体验。基于此，旅游可以如此定义：为了娱乐、休闲、文化探索或其他非日常目的而进行的从一地到另一地的移动。旅游不仅仅涉及物理上的移动，还包含体验新的文化、环境和活动的过程。旅游可能是短暂的，如一日游，也可能是长期的，如几周或几个月的旅行。旅游的特点在于其多样性和个性化。不同的人可能会因不同的原因而旅游，如休闲、探险、文化体验、商务或教育等。旅游活动可以包括参观历史遗迹、体验不同的文化和生活方式、享受自然风光，或者参与各种休闲和娱乐活动。

（二）旅游产业

旅游产业是一种综合性产业，主要为旅游者提供旅游活动所需的各种商品和服务。旅游产业涵盖了多种相关行业，这些行业虽然在主营业务和产品上各有不同，但都围绕着一个共同目标：便利旅游活动。无论是提供住宿、交通、餐饮还是娱乐服务，这些产品和服务都是为了满足游客的需求，将不同的产品在旅游产品的总体框架下统一呈现。旅游产业不同于农业或工业那样界限清晰的独立产业，它的发展依赖多种条件的共同作用。首先，旅游资源的开发和利用是推动旅游产业成长的关键因素；其次，旅行社、旅游交通和旅游饭店等构成了旅游产业的核心部分；再次，旅游产业的繁荣离不开多个部门的合作与支持，计划、财政、工业、农业、商业、电信、文化教育、卫生环境和公安等部门的配合，为旅游产业的发展提供了必要的客观环境。

与其他传统产业相比，旅游产业有其独特性。首先，它是需求导向的，而非供给导向的。这意味着旅游产业的发展和演变主要是为了满足旅游者的需求，而不是单纯地提供一定的产品或服务。其次，旅游产业的界定标准在于其服务对象——旅游者，这与其他产业以业务或产品为标准的定义方式不同。旅游产业依赖旅游资源，且以旅游设施作为发展的条件。因此，旅游产业不只是一个经济活动的领域，还是一个社会、文化互动的平台，为旅游者与当地社区、文化、自然环境之间的交流提供了机会。

第二节　体育、文化与旅游融合的重要性与可行性

一、体育、文化与旅游融合的重要性

体育、文化与旅游的融合对于当代社会具有深远的意义。这种融合不仅丰富了人们的休闲生活方式，还促进了经济和社会的全面发展。体育、文化与旅游融合的重要性主要表现在以下几方面（图1-2-1）。

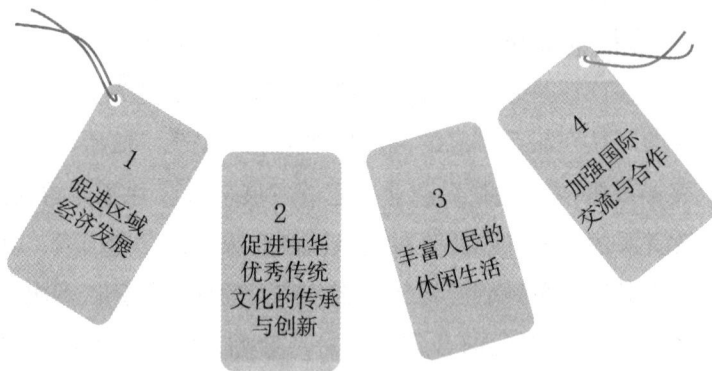

图1-2-1　体育、文化与旅游融合的重要性

（一）促进区域经济发展

体育、文化与旅游的融合对于促进区域经济发展具有重要意义。首先，体育、文化与旅游的结合能显著提升一个地区的吸引力。体育赛事和文化活动作为旅游的重要组成部分，能够吸引大量的游客和观众。例如，一个地方的传统节日或国际体育赛事可以吸引国内外游客，这些游客在住宿、餐饮、交通和购物时，直接带动了当地经济的增长。其次，体育、文化与旅游的融合有助于促进就业和创业。随着旅游业的发展，新的就业岗位被创造出来，如旅游指导、酒店服务、餐饮业等。与此同时，体育和文

化活动的增多会带动相关行业的发展，如体育用品制造、文化产品创作等，这些都为当地居民提供了更多的就业机会。最后，体育、文化与旅游的结合有助于促进地方经济的多元化。三者融合带动了与旅游紧密相关的多种产业的发展，如纪念品、文化创意产品、特色食品等，从而形成了一个多元且互补的经济体系。总体来看，开发与体育赛事、文化活动、旅游景点相关的特色商品和服务，不仅可以丰富游客的旅游体验，也为当地创造了新的经济增长点。

（二）促进中华优秀传统文化的传承与创新

体育、文化与旅游的融合不仅有助于保护和弘扬中华优秀传统文化，还为文化创新提供了独特的途径，从而丰富了文化的内涵和表现形式。一方面，体育、文化与旅游的融合有助于中华优秀传统文化的保护和传播。许多地区拥有丰富的文化遗产，但这些文化遗产往往需要适当的方式进行展示和传承。将文化活动与旅游结合起来，可以更好地展示这些文化遗产，使之成为吸引游客的亮点。同时，体育赛事等活动可成为中华优秀传统文化展示的舞台，如利用赛事间歇进行传统艺术表演，或者将当地的文化元素融入赛事的组织和推广中，激发年青一代对中华优秀传统文化的兴趣。另一方面，体育、文化与旅游的融合为文化创新提供了肥沃的土壤。文化创新不仅仅是对中华优秀传统文化的简单重复，更需要在传承的基础上进行创新和发展。旅游的多元化需求为文化创意提供了广阔的空间，如结合当地特色开发新的文化旅游产品、设计具有地方特色的旅游纪念品等。

（三）丰富人民的休闲生活

体育、文化与旅游的融合对于丰富人民的休闲生活具有重要意义。在快节奏的现代社会中，人们越来越重视休闲生活的质量，而体育、文化和旅游的有机融合为人们提供了多元化的休闲选择，满足了人们对于生活品质的追求。体育活动作为一种健康的休闲方式，对于提升人们的生活质量具有显著的作用。通过参与体育活动，人们不仅可以锻炼身体、增强体质，还能缓解工作和生活的压力。而当体育与旅游结合时，如徒步旅行、山地骑行等活动，不仅丰富了旅游的形式，也让体育活动更加多样，提升了人们的体验感。文化活动为人们提供了精神上的滋养和启迪。通过参与各种文化活动，如参观博物馆、艺术展览、音乐会等，人们可以在欣赏中学习，通过艺术和历史的体验来丰富自己的内心世界。当文化与旅游结合，游客不仅能够放松身心，还能深入了解不同的文化背景和历史故事，从而获得更深层次的文化体验。旅游作为一种常见的休闲方式，为人们提供了逃离日常生活的机会。通过旅游，人们可以探索未知的地方，体验不同的生活方式，这不仅丰富了人们的生活经验，还能开阔人们的视野，增进人们对世界的了解。当旅游与体育、文化结合，如文化探索之旅、体育主题旅游等，它不仅为人们提供了传统旅游的放松和享受，还在一定程度上满足了人们在体育和文化方面的现实需求。

（四）加强国际交流与合作

体育、文化与旅游融合对于加强国际交流与合作具有重要意义。在经济全球化日益加深的今天，这三个领域的融合不仅是一种文化和经济现象，更成为连接不同国家文化的重要桥梁，促进了国际理解和友谊。

体育作为一种全球性的活动，拥有超越国界的普遍影响力。国际体育赛事，如奥运会、世界杯足球赛等，不仅是运动员比拼技艺的舞台，更是不同国家文化展示和交流的平台。通过这些赛事，各国有机会展示自己的文化特色，同时加深对其他国家文化的了解。此外，这些体育赛事也为各国提供了合作的机会，如共同举办赛事、交流运动员和教练等。文化是国家和民族的名片。通过各种文化活动，如国际艺术节、电影节、文化展览等，不同国家能够展示自己独特的文化遗产和现代文化成就，加深相互之间的文化理解和尊重。同时，这为文化领域的国际合作提供了契机，包括共同制作电影、举办联合艺术展览、进行文化产业合作等。旅游是连接不同国家和文化的重要渠道。随着全球旅游业的快速发展，越来越多的人有机会走出国门，体验不同的文化和生活方式。这种直接的交流和体验有助于消除文化偏见，增进国际友谊。此外，旅游业的发展也可以促进国际经济合作，如建设国际旅游度假区、开展跨国旅游合作项目等。

二、体育、文化与旅游融合的可行性

（一）体育、文化、旅游融合具有政策支持

体育、文化和旅游的融合在很大程度上依赖政策的支持，这是因为政策不仅为这一融合提供了方向和框架，还能够创造有利于这一融合的环境和条件。目前，我国已经出台了一系列有助于体育、文化、旅游融合的政策文件。例如，2009年8月，《文化部 国家旅游局关于促进文化与旅游结合发展的指导意见》强调："加强文化和旅游的深度结合，有助于推进文化体制改革，加快文化产业发展，促进旅游产业转型升级。"2014年8月，《国务院关于促进旅游业改革发展的若干意见》提出："创新文化旅游产品。"2018年3月，《国务院办公厅关于促进全域旅游发展的指导意见》提出："推动旅游与科技、教育、文化、卫生、体育融合发展。"2023年2月，《文化和旅游部关于推动非物质文化遗产与旅游深度融合发展的通知》提出："要将旅游空间作为展示弘扬中华优秀传统文化的重要载体，面向国外游客讲好中国故事，提升中华文化国际传播效能。"2023年10月，《促进户外运动设施建设与服务提升行动方案（2023—2025年）》提出："促进户外运动产业和旅游、文化、康养、研学等产业融合发展。"上述政策文件为体育、文化、旅游融合提供了强有力的政策支持。

（二）体育、文化、旅游之间具有相似的基础

体育、文化、旅游这三大领域虽然在表现形式和具体内容上有所不同，但本质都是提升人们的精神生活水平和内在文化素养，满足人们的精神需求。体育领域从广义上讲，主要帮助人们锻炼身体和提高身体素养。体育产业本身是多元化的：竞技体育注重的是运动成绩的提升；休闲体育

侧重身心的愉悦和放松；体育产品的消费是为了支持和完成体育活动。尽管各有侧重，但体育在总体上提升了人们的精神生活水平。文化包括传统习俗、生活方式、价值观念等，是一种被广泛认可的意识形态。文化主要通过新闻、电视、展览等形式为人们提供精神产品，人们则通过参与这些文化活动，满足精神上的需求，从而得到精神上的享受。旅游作为一种休闲娱乐活动，不仅为人们提供休闲设施和服务，还可以让人们欣赏自然美景、体验不同的文化。

根据以上论述可知，在新时代背景下，体育锻炼、文化学习、旅游活动成为人们追求健康生活方式的重要载体。体育、文化、旅游三大领域在资源共享、市场需求等方面存在着密切的关联性，共同构成了一个互补和互促的生态系统。体育作为这一体系的重要组成部分，提供了丰富的资源和活力；旅游通过其广阔的市场，带动体育和文化的推广和消费；文化则丰富了体育与旅游的内涵。从本质上看，体育、文化、旅游的融合发展都是为了满足人民日益增长的精神文化需求。

（三）体育、文化、旅游之间具有相辅相成的性质

在信息化时代的背景下，体育、文化、旅游成为人们生活的重要组成部分，并逐步实现了产业化发展。这三大领域不仅本身具有巨大的发展潜力，还能为其他行业的发展提供支撑。体育、文化、旅游三大产业通过充分利用各自的优势，进行有效的资源融合，既保持了各自产业的特色，又衍生出更多相关的子产业和附属品。首先，旅游业与体育产业的融合便催生了新兴的体育旅游业。这种融合让人们可以前往特定地点，参与当地的体育活动，实现旅游与体育的双重体验。这不仅丰富了旅游业的内涵，也为体育产业开辟了新的市场和发展空间。其次，文化与体育产业的融合为新兴行业的发展提供了范例，如出版行业与体育领域的结合可以有效地进行体育文化的宣传，甚至组织相关的文化展览。这种跨界融合不仅丰富了行业层次，也促进了体育、文化、旅游产业的多元发展，为经济社会的进一步繁荣提供了动力。

体育、文化和旅游之间的互动和融合不仅丰富了人们的生活体验，而且促进了社会经济的发展。

体育作为一种集体活动和社会现象，与文化和旅游紧密相连。体育活动本身就是一种文化表现形式，它通过不同的体育项目、赛事和运动员的故事，展示了多样的文化价值和社会观念。同时，体育赛事经常成为旅游的重要吸引力。大型的国际赛事如奥运会、世界杯等不仅吸引了大量的观众到场观看，也吸引了无数的旅游者前往赛事举办城市，参与到这一全球性的体育盛会中。这种体育旅游不仅促进了当地的经济发展，也加强了不同文化之间的交流。

文化作为人类活动的重要组成部分，涵盖了艺术、音乐、文学、历史等多个领域。文化活动如音乐节、艺术展览、博物馆参观等，是旅游的重要内容。人们通过参与这些文化活动，不仅丰富了自己的精神世界，还加深了对不同文化的理解和尊重。同时，这些文化活动为体育赛事提供了更加丰富的背景和环境。例如，在一些国际体育赛事中，经常融入当地的文化元素，以增加赛事的吸引力和观赏价值。旅游作为一种休闲活动，是人们体验不同文化和参与体育活动的重要方式。随着经济全球化的发展和交通技术的进步，越来越多的人有机会去不同的地方旅游。在旅游过程中，人们不仅可以观看各种体育赛事，还可以参与到当地的文化活动中。这种旅游经历不仅让人们得到了休息和娱乐，还促进了不同地区之间的文化交流。

第三节　体育、文化与旅游融合的原则

体育、文化、旅游的融合需要遵循一定的原则，具体如图 1-3-1 所示。

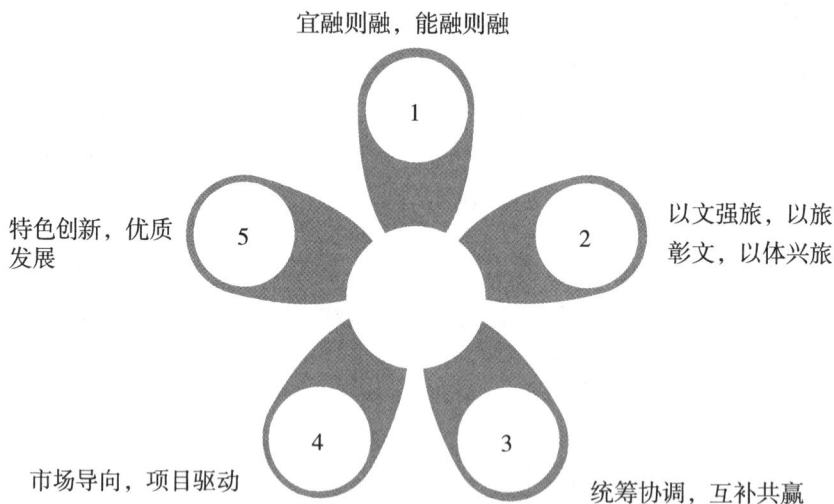

图 1-3-1 体育、文化、旅游融合的原则

一、宜融则融，能融则融

"宜融则融，能融则融"的原则是体育、文化、旅游融合发展的重要指导思想，强调在尊重每一领域特性的基础上，积极探索和实践，通过创新和可持续性的思维，推动体育、文化、旅游的深度融合，以期达到经济效益和社会价值的双重提升。"宜融则融"强调的是在适当的情境和条件下进行融合。这意味着融合的过程应当基于对各个领域特点和需求的深刻理解，避免生硬结合。例如，在具有丰富历史文化资源的地区，文化元素可以与旅游紧密结合，通过历史遗迹、民俗活动等形式吸引游客，同时增加相关体育活动，如文化主题的马拉松比赛，既展示了地方文化，又丰富了旅游产品的多样性。"能融则融"则强调在实际操作中的积极探索和实践。这不仅仅是理论上的结合，更是在实践中不断探索三者融合的最佳方式。比如，运用体育赛事来推动旅游，将赛事地点设置在具有文化特色的地区，这样既能促进体育的普及，又能激活地方文化，吸引游客前来观光，实现三者之间的互利共赢。

二、以文强旅，以旅彰文，以体兴旅

体育、文化、旅游的融合不仅可以促进旅游业的发展，提升文化的传播和影响力，弘扬体育精神，实现三者的共赢。三者的融合是全方位的，涉及经济、文化、社会等多个领域，对于促进社会的全面发展具有重要意义。体育、文化、旅游的融合应坚持"以文强旅，以旅彰文，以体兴旅"的原则。"以文强旅"强调利用丰富的文化资源来增强旅游产业的吸引力。文化是旅游的灵魂，无论是历史遗迹、民俗风情还是现代艺术，都是旅游的重要组成部分。通过挖掘和展示地区文化，不仅可以吸引更多的游客，还可以提升游客的旅游体验。例如，各地的文化节庆活动、博物馆夜场活动、传统工艺体验等，都是将文化融入旅游的生动实例。"以旅彰文"强调通过旅游活动来展现和传播文化。旅游作为一种群众性的活动，为文化的传播提供了广阔的平台。游客在旅游过程中接触和体验不同的文化，不仅可以丰富自己的生活体验，也可以促进文化的传播和交流。例如，旅游地的文化展览、旅游纪念品中的文化元素等都是旅游对文化传播的贡献。"以体兴旅"强调利用体育活动促进旅游业的发展。体育赛事具有广泛的群众基础，能够吸引大量的游客和体育爱好者。体育赛事的举办地往往可以借此机会提升其旅游吸引力，增加旅游收入。例如，马拉松、国际足球赛、奥运会等大型体育赛事，不仅提升了举办城市的知名度，也带动了当地旅游业的发展。

三、统筹协调，互补共赢

在当今社会，体育、文化、旅游三大领域的融合成了一种趋势。作为这一融合的重要指导思想，"统筹协调，互补共赢"原则强调在体育、文化、旅游三者间寻求有效的统筹与协调方式，使各自优势互补，实现共同发展与共赢。"统筹协调"强调在规划与实施体育、文化、旅游融合时，考虑各方面因素，确保三者的有效对接与和谐发展。体育、文化、旅游虽然各有特点，但在发展过程中相互交织、相互影响。有效的统筹协调能够确保资源的最优配置，避免资源浪费和政策重叠，同时促进各领域的良性互动与整合。体育作为一种群众性强、参与度高的活动，可以有效地吸引游客，激发公众参与热情。文化是旅游的灵魂，是旅游吸引力的重要来源。旅游则为体育与文化提供了展示平台和市场空间。在这种背景下，三者的融合需要通过精心的规划与组织，使之在促进地方经济发展、丰富人民文化生活、提升国家软实力等方面产生积极效应。"互补共赢"是体育、文化、旅游融合的最终目标。这不仅仅是单方面的利益追求，更是在多方面资源共享、优势互补的基础上实现的共赢局面。例如，体育赛事可以结合当地文化特色，丰富内容，提高观赏性；文化活动可以借助体育赛事的影响力和旅游资源的聚集，扩大影响力；旅游则可以通过打造以体育、文化为主题的产品，增加自身的吸引力。

四、市场导向，项目驱动

在体育、文化、旅游三大领域的融合发展中，"市场导向，项目驱动"的原则强调以市场需求为导向，通过具体的项目实施推动三者的有效结合与共同发展。这种以市场为核心的导向和以项目为基础的驱动模式，是实现体育、文化、旅游融合创新与高效运作的关键。"市场导向"强调在体育、文化、旅游的融合过程中，必须充分考虑和分析市场需求的变化和趋势。这种市场需求可能来源于消费者对休闲娱乐的新期待、对特色文化体验的追求，或者对健康生活方式的关注。有了对市场需求的准确把握，体育、文化、旅游的结合将更加符合消费者的偏好，从而提高项目的吸引力和竞争力。"项目驱动"是市场导向原则的具体实施方式。在这个框架下，通过具体的项目规划和实施来实现体育、文化、旅游的融合是不错的选择。例如，策划一个结合当地文化特色的体育赛事，或者开发一条融入体育元素的文化旅游线路。这些具体的项目不仅能满足市场的需求，还能推动相关产业的发展，创造经济效益。

五、特色创新，优质发展

在体育、文化、旅游的融合过程中，"特色创新，优质发展"原则要求注重特色、保证质量。"特色创新"强调的是在体育、文化、旅游融合过程中，不断探索和创造具有独特性的产品和服务。这意味着在融合发展过程中，各领域需要根据自身特色和优势，开发新的业务模式、服务方式或产品类型。例如，一个地区可能结合其独特的文化遗产和自然资源，创造一种新型的体育旅游活动。这种方式不仅能够吸引更多的参与者，还能够提升整个地区的品牌形象。"优质发展"则强调的是在创新的基础上确保提供高质量的产品和服务。这不仅涉及产品本身的质量，也包括服务、管理、环境等各个方面。例如，一个结合体育和文化元素的旅游项目的开发，需要确保旅游设施安全、服务周到、环境优美，为游客提供高质量的体验，同时关注项目的可持续性，确保旅游发展不会对当地文化和环境造成负面影响。

第四节　体育文化旅游产业发展中的相关关系

一、体育文化旅游产业与社会经济的关系

当前，旅游业已经成为诸多国家第三产业的旗帜，其中体育文化旅游产业作为一个重要的分支，正迅速成长为新的经济增长点。体育文化旅游产业结合了体育、旅游、文化三方面的特点，不仅实现了更好的发展，也促进了相关附属产业的繁荣。体育文化旅游产业带来的经济效益显著，在很大程度上对社会经济产生了深远的影响。体育文化旅游产业对社会经济的促进作用主要表现在以下几方面。

（一）增加外汇收入

在当今的商品经济时代，国际经济合作通常以货币为媒介。想要扩大对外经济合作，增加购买力十分必要。这就需要国家储备充足的外汇。国家的经济实力和国际支付能力很大程度上可以通过其外汇存储量来评估。在这方面，旅游业发挥着重要作用，它一直是增加外汇收入和平衡国际收支的有效手段。在旅游业发达的国家，旅游业能够提高其外汇收入，提升经济的稳定性。作为旅游业的重要分支，体育文化旅游产业同样有利于提高一个国家的外汇收入。

（二）调节货币流通与回笼

货币流通是指货币作为交易媒介在经济活动中形成的连续收支运动。其中，货币投放与回笼是互为反向的两个过程：货币回笼的增加意味着市场流通中的现金减少。近年来，体育文化旅游产业已成为我国旅游收入的重要组成部分。体育文化旅游产业的发展不仅促进了货币流通量的增加，也为国家回笼货币提供了支持，在一定程度上维护了货币市场的平衡。

（三）优化产业结构

产业结构指的是产业自身的构成及其与其他产业之间的联系和占比关系。随着社会经济的发展，生产部门日益多样化。这些部门受到各种因素的影响，在增长速度、就业人数和对经济增长的贡献等方面都会发生变化。由于社会经济始终处于不断的发展状态，产业结构也不可避免地处于持续变化中。随着社会生产力的发展，人们的物质生活水平提高，对服务类产品的需求也相应增加。因此，第三产业在社会经济中的比重逐渐增大，成为衡量社会发展水平的重要标志之一。

体育文化旅游产业是基于生产力提升和人们日益增长的业余文化需求而兴起的新兴产业，这一点放眼全世界都是如此。体育文化旅游产业追求的是独特性、新颖性和奇特性，因此，其项目更新速度快，不断推出新的旅游体验和服务。这使得体育文化旅游产业的附加值较高，从而有效地促进了产业结构的优化。在我国，体育文化旅游产业的发展不仅丰富了国民的休闲文化生活，还进一步提升了第三产业的整体水平。随着我国对体育、文化、旅游及相关产业的结构调整，体育文化旅游产业的发展空间必将进一步扩大。

（四）完善基础设施

道路、交通运输和信息网络等基础设施，虽然看似与体育文化旅游产业的关联不大，但它们为整个产业提供了必要的基础服务，对产业的可持续发展至关重要。良好的基础设施能够保障体育文化消费者顺畅、安全地到达目的地，增强他们的旅游体验。这些基础设施的完善不仅提高了体育文化消费者的满意度，也从根本上提升了旅游活动的整体质量。

二、体育文化旅游产业与社会休闲的关系

（一）社会休闲的内容

在当今社会，休闲活动的内容和形式多样，为人们提供了广泛的选择，满足了人们不断变化的休闲需求。总体来说，社会休闲活动可以归纳为以下几大类：

（1）创造活动。这类活动通常是在业余时间中，由个人的兴趣和创造力驱动形成，涵盖发明、研制、绘画、作曲等多种形式。

（2）搜集活动。这类活动主要包括对古董、邮票、纪念章、手办等物品的收集。通过搜集特定物品，人们不仅可以充实自己的业余生活，还能够了解更多关于这些物品的历史和文化背景。

（3）教育活动。教育活动主要是指对特定主题或领域的研究和探索，如机械研究、旅游探险或博物馆参观等。

（4）竞争性运动和游戏。球类游戏、棋类游戏是人们休闲生活的重要组成部分。这类活动以胜负为目标，既能帮助人们锻炼身体，又能增强团

队合作意识和竞争意识。

（5）非竞争性运动和游戏。舞蹈、唱歌、骑马、登山等强调享受过程和体验乐趣，适合寻求放松和减压的人士。

（6）观赏活动。观看体育赛事、演唱会、戏剧等活动能够给人带来视觉和听觉的享受，提供社交和文化交流的机会。

（7）社会团体活动。参与社团组织、辩论会、合唱团，不仅能够增进人们的社会联系和团队协作，还能培养他们的社会责任感和志愿服务意识。

（二）体育文化旅游产业与社会休闲的互动关系

1. 体育文化旅游活动丰富了社会休闲的内容

体育文化旅游活动结合了体育的活力、文化的魅力、旅游的乐趣，满足了人们对身心健康和爱好的双重需求。体育文化旅游活动的多样性，如徒步旅行、山地自行车、水上运动，不仅提升了人们的生活体验，也成为人们享受生活的重要方式。

2. 社会休闲为开展体育文化旅游活动奠定了基础

随着人们健康意识的提升，休闲方式也变得更加多样。这种变化不仅反映了社会休闲产业的壮大，也改变了传统的产业结构。公众对于休闲活动的高需求为体育文化旅游活动的开展提供了广阔的市场空间，为发展体育文化旅游产业创造了良好的机遇。

三、体育文化旅游产业与生态环境的关系

生态环境的健康直接关系到体育文化旅游产业的长远发展。因此，对生态环境的保护不仅是维护自然资源的需要，更是确保体育文化旅游产业可持续发展的必要措施。同时，生态环境保护所需的资金很大程度上可以依靠体育文化旅游产业所带来的收益。面对快节奏的城市生活，人们越来越渴望逃离都市的喧嚣，回归大自然的怀抱。由此，体育文化旅游活动成为他们的新选择。在这种背景下，体育文化旅游活动的目的地的生态环境

保护工作尤为重要。毫不夸张地说,良好的生态环境是吸引消费者,尤其是回头客的关键因素,对于保持和促进体育文化旅游产业的持续发展至关重要。例如,对体育文化旅游活动目的地植被的保护,可采取限流措施,控制访客数量,以保护植被,促进生态系统的自然恢复。虽然限流措施在一定程度上限制了旅游活动的规模,可能会影响一时的收入,但从更深层次来看,这种做法对于提升消费者的体验和满意度具有重要意义。限流不仅能确保游客享受到更好的旅游体验,更是对当地生态环境的长期投资,有助于保护当地的自然资源,维持生态平衡。

第二章　体育、文化与旅游产业融合高质量发展的理论之基

第一节　创意经济理论

一、创意经济理论溯源

创意经济理论由约翰·霍金斯（John Hawkins）在 2001 年提出，是近年来国际上备受关注的经济发展模式。创意经济的核心概念是"创意效用"，即将创意转化为经济资产的过程。创意经济的实践已证明其在促进经济发展方面的有效性。这种经济模式通常在小规模的范围内实施，不仅丰富了地方的收入来源，还为社会提供了大量就业机会，对经济增长做出了重要贡献。由于创意经济在促进创新和文化多样性方面的优势，联合国教科文组织对具有活力的文化创意市场持积极认可的态度。这意味着联合国教科文组织支持发展中国家积极发展创意经济。

创意经济理论源于创新理论，创新理论的部分内容也是体育、文化与旅游产业融合的重要基础。创新理论最早由经济学家约瑟夫·熊彼特

（Joseph Alois Schumpeter）在《经济发展理论：创新是资本积累、个人致富之源》中提出，他认为经济发展的本质在于创新，这种创新是通过建立全新的生产函数，重新组合各种生产要素来实现的，是推动产业变革和经济发展的内在动力。

创新理论虽未就产业融合现象加以说明，但其内在思想，尤其是产业变革动力主要源自内部的观点对研究产业融合具有启发性作用。产业融合是在不同产业的不断互动过程中形成的，从本质上讲同样属于产业创新。因此，从创新的角度对产业融合进行探讨，能够更为系统地了解产业融合的过程、内涵以及原因。产业融合本质上是不同产业间持续互动和协作的结果，可以被视为一种产业创新。它强调产业间合作和技术融合的重要性，以及通过这种融合创新带来的新业态和新市场。

创意经济的另一个理论基础是文化产业。"文化产业"概念最早由本雅明（Benjamin）在 1926 年的《机械复制时代的艺术作品》中提出，这可以作为文化产业的起点。到了 20 世纪后期，霍克海默（Horkheimer）和阿多诺（Adorno）在《启蒙辩证法》中进一步发展了这一理论，提出了"文化工业"的概念，此时文化产业已在西方国家进入成熟阶段。随着学术研究的深入，文化产业学应运而生。

在当今世界，以信息技术为代表的现代科技革命催生了新兴产业的快速发展，从而引发了从工业经济到知识经济，再到服务经济的转型。这一转型极大地影响了传统文化消费和生产方式。随着文化产业与现代科技的深度融合，创意经济这一新型经济形态应运而生。它并不局限于文化产业的范畴，而是将文化资源、创意资本和现代科技相结合，依托和谐的社会环境和先进的法律制度，形成了以创意为核心的新型经济模式。创意经济代表着现代化机械大工业与个性化、创意性表达的完美结合，反映了现代经济发展的新趋势和新特点。

二、创意经济和其他经济的关系

创意经济是知识经济与信息经济联姻的结晶。创意经济离不开知识经济，也离不开信息经济。

（一）创意经济与知识经济

创意经济是知识经济发展至高级阶段的产物。知识经济附加价值最高的类型就是以创意设计为核心的生产领域，尤其是源于艺术美学创作的设计。在知识经济环境下，创意工业的推动成为必要因素。知识资源的价值在于其通过智慧和创意的应用，被转化成社会财富。因此，创意不仅是个人和组织财富的来源，更是创意经济生存与发展的根本。在知识经济时代，创意的重要性愈发凸显，因为它具备将知识资源转化为财富的独特能力。随着知识经济的不断演进和升级，创意经济随之出现并迅速发展壮大。这种经济模式的崛起，不仅展现了现代经济发展的新趋势，也反映了社会文化创新的深远影响。创意经济的发展推动了经济结构的转型，促进了经济与文化的融合发展，为现代经济增长提供了新的动力。

（二）创意经济与信息经济

在信息经济时代，信息产品的价值随着反复使用而增长，个体的创新思想可以通过互联网迅速传播到全球。信息经济时代的核心问题在于文化创意能够创造何种价值。文化创意是信息经济成功的关键，它推动了多媒体产业、智能产业和互动艺术社区的发展，对于每个国家的文化发展至关重要。当创新思想被视为资本时，创意便成为经济发展的核心。

三、创意经济理论对体育、文化、旅游融合的启示

创意经济理论突出创新和创造性思维在现代经济中的核心地位，强调创意不仅是艺术和文化的产物，也是经济增长的重要驱动力。在这个理论框架下，体育、文化和旅游不再是孤立的领域，而是相互交织的创意实践。例如，体育赛事不仅仅是体育展示，也是文化体验的一部分，吸引着世界各地的游客。同样，文化活动如音乐节、艺术展览等，不仅丰富了当地的文化生活，也成为推动旅游业发展的重要因素。旅游业通过提供独特

的文化和体育体验可以转化为一个创意经济的平台。创意经济理论还强调不同领域的融合对于经济和社会发展的积极作用。通过产业之间的融合，体育、文化和旅游不仅增强了各自的吸引力，也共同促进了地区经济的繁荣和社会文化的多样性。

第二节　产业融合理论

一、产业融合的内涵

自20世纪70年代起，信息技术革命及相关产业的快速发展在西方国家催生了产业间的交叉与融合，引发学术界和政府部门的密切关注与研究，逐步形成了产业融合理论。产业融合作为现代经济发展的显著特征，首先在信息通信业中出现并迅速发展成熟，其内涵可以从四个不同角度来解释。

一是技术扩散渗透论。产业融合是由某一产业的技术革新引发，随后向其他产业扩散渗透，最终导致多个产业共享某一技术基础。技术的跨界应用和融合，促进了不同产业之间的交叉和合作。

二是产品整合创新论。该理论强调不同产业采用通用技术，导致原本独立的产品出现了结构和功能上的相似性特征。这种现象使得产品界限变得模糊，难以明确归属特定产业。

三是产业融合过程论。该理论强调产业主体（企业）通过建立战略联盟、并购等组织形式，共享技术平台，从而在不同行业间形成共同的产品或服务市场。跨行业的合作促使产业间的界限变得越来越模糊。

四是产业边界变化论。该理论关注产业融合后，原本属于不同行业的企业之间竞争关系的转变。原本非竞争的企业因为技术和市场的融合而开始形成竞争关系，这促使企业不断创新和适应新的市场环境。

实际上，除了信息通信业，产业融合还广泛地存在于其他领域，如农业与高科技产业的融合。

二、产业融合的类型

学术界对产业融合的分类主要基于市场、技术和产品三个视角，具体如图 2-2-1 所示。

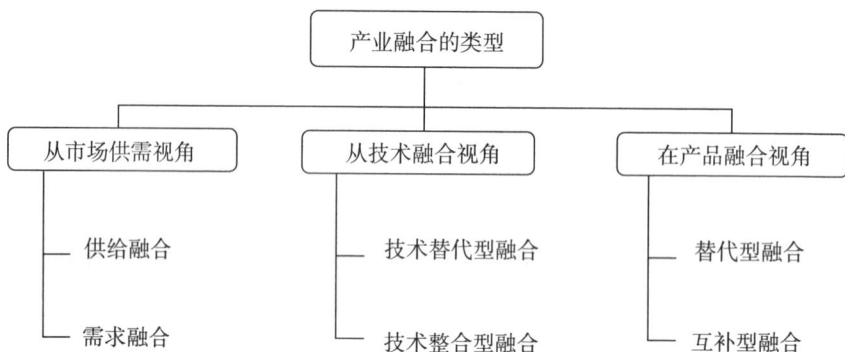

图 2-2-1 产业融合的分类

从市场供需的视角看，产业融合可以被划分为供给融合和需求融合。供给融合是指在供给方面，通过技术融合实现的产业整合，这种融合通常涉及不同产业之间的技术合作与共享，使得原本独立的技术在不同产业间发挥作用。需求融合则侧重需求方面，即市场需求引导下产业之间的产品融合，这种融合使得不同产业的产品能够更好地满足市场的多元化需求。

从技术融合的视角分类，产业融合分为技术替代型融合与技术整合型融合。技术替代型融合指的是某一产业的技术创新不仅替代了旧技术，还导致了不同产业间共享新技术，进而形成新的产业业态。技术整合型融合是指将不同产业的新技术与已有技术结合，促成新产业。

在产品融合的视角下，产业融合可分为替代型融合和互补型融合。替代型融合是指某产业的产品整合了具有相似特征的另一产业产品，使两种产品变得更为相似。而互补型融合指的是在同一产品界面标准下，不同产业的产品建立起互补关系。

三、产业融合的机制

对于产业融合的过程，综合已有研究发现，国内外学者主要从五个视角进行理论阐述，即技术、产品、价值链、产业结构、产业形成。

（1）技术视角。产业融合是新技术不断替代旧技术的过程，这一过程不仅受技术进步的推动，也与管制的放松密切相关，形成了技术学习曲线。例如，信息技术融合的过程可以分为突破、复制、经验、理论、自动化和成熟六个阶段，每个阶段都标志着相关技术在某个领域的深化和扩散。

（2）产品视角。产业融合过程主要通过产品的替代型融合或互补型融合来实现。其中，技术标准和知识产权在互补型融合中起着至关重要的作用。产品融合不仅改变了产品的结构和功能，也推动了新产品和新市场的形成。

（3）价值链视角。从生产经营环节的角度出发，产业融合可分为生产融合、采购融合和分销融合。这些不同阶段的融合相互促进，推动整个产业链的优化和高效运作。从价值链的整体变化看，产业融合过程可以被看作价值链的分解与重构。

（4）产业结构视角。产业融合过程实际上是传统产业内部的纵向产业关联向产业间横向产业关联的转变。例如，电话、电视和计算机产业的融合，展现了这三个产业内部纵向关联的分解，并形成了新的产业间横向关联。这种横向关联不仅扩展了产业的边界，也促进了产业间的资源共享和技术互补。

（5）产业形成视角。技术融合并不直接等同产业融合。产业融合应当以市场融合为导向，一般需要经历技术融合、产品融合、业务融合和市场融合四个阶段。在这个过程中，各个阶段相互作用、相互促进，最终实现产业融合。这种渐进式的融合过程确保了产业融合的稳定性和持续性，有助于产业在融合中找到新的增长点和竞争优势。

四、产业融合的技术驱动

20 世纪 90 年代，随着现代通信技术的迅猛发展，国际产业界迎来了一波以技术为主导的产业融合浪潮。学术界对此现象的解释主要集中在技术驱动上，形成了四种主要观点：技术创新说、市场需求说、市场供给说和综合因素说。

（1）技术创新说。技术创新是推动产业融合的内在动力。技术进步，尤其是数字化技术的发展，不仅促进了产业服务和组织的融合，还引起了企业行为和产业政策的重大变化。某一产业的技术创新可以为不同产业提供共同的技术平台，进而影响和改变其他产业的产品开发、竞争力和价值创造过程。

（2）市场需求说。产业融合的根本动因并非单纯的技术因素，而是市场需求和消费者的期望。消费者对于服务变得更加简单便捷的未来愿景是推动产业融合的重要因素。尽管数字技术为产业融合提供了必要条件，但它并不是充分条件。即使在数字技术背景下，技术标准的制定或消费者信心的缺失也可能限制技术的应用范围和效果。因此，市场需求和消费者愿景在产业融合中扮演了决定性角色，它们引导了技术的应用方向和发展趋势。

（3）市场供给说。产业融合主要由市场供给因素的变化所驱动。这包括生产成本的降低、供应方式的简化、管理流程的优化、维护费用的减少、供应速度的提升、服务质量的改进等。这些因素共同作用，促进了不同产业之间的融合，以适应市场的新需求和新趋势。

（4）综合因素说。产业融合由技术、经济等多方面因素共同驱动。例如，通信产业与广播电视产业的融合，就是由宽带技术、大容量通信网络技术的进步，移动通信技术的发展，互联网的迅猛增长等因素共同推动的。

五、产业融合理论对体育、文化与旅游融合的指导意义

在现代经济发展中，产业融合理论不仅是一种趋势，也是一种必然。随着技术的进步和市场的变化，不同产业之间的界限变得越来越模糊，相

互渗透和融合成为常态。在这样的背景下，体育、文化和旅游这三大领域也逐渐走向融合。例如，体育赛事不仅仅是竞技展示，还可以成为文化交流的平台，吸引游客，推动旅游业的发展。同样，文化活动和旅游景点能够吸引体育迷的关注和参与。这种融合不仅增加了各自领域的吸引力和竞争力，也为消费者提供了更丰富多元的体验。产业融合理论强调的是创新和协同，这正是体育、文化和旅游融合的关键所在。通过创新思维，这些领域可以开发新的商业模式、服务方式和市场策略，协同作用则确保了资源的有效利用，为相关产业带来了更大的经济效益。

第三节　体验经济理论

一、体验经济的定义

人类社会的发展历程是从产品经济时代过渡到服务经济时代，进而发展到如今的体验经济时代。"体验经济"的倡导者 B. 约瑟夫·派恩（B. Joseph Pine Ⅱ）和詹姆斯·H. 吉尔摩（James H. Gilmore）提出，体验经济时代已经来临，经济形态已经从农业经济、工业经济、服务经济演变成体验经济。[①] 体验经济时代重视的不再仅仅是产品的功能或美观层面，而是强调从生活情境出发，塑造独特的感官体验和思维认同，从而吸引消费者的注意力，改变他们的消费行为，并为产品赋予新的生存价值和发展空间。在体验经济时代，产品的价值转向了提供独特"体验"的层面。这意味着消费者不再单纯追求产品本身，而是追求与产品相关的整体体验，包括使用过程中的感受、情感联结以及产品所带来的身份和文化象征等。

随着社会的发展，人们越来越注重生活质量，对物质需求之外的心理和精神满足有了更高追求。在这样的背景下，体验经济应运而生，成为继

---

① ［美］B·约瑟夫·派恩、詹姆斯·H·吉尔摩：《体验经济（更新版）》，夏业良、鲁炜等译，机械工业出版社 2012 年版，第 9—16 页。

农业、工业、服务业之后的新型经济形态。体验经济主要强调的是产品或服务给消费者带来的独特审美体验和快乐价值。它不仅满足消费者的物质需求，更注重创造难忘的记忆和美好的感受，使消费者拥有愉悦的回忆和体验。体验经济形态转变了传统的产品和服务价值观，突出了情感、体验与回忆在消费过程中的重要性，反映了现代社会消费者需求的深层次变化。

综合来看，体验经济是一种新的经济形态，其中企业将服务置于核心地位，以商品作为创造独特体验的素材，旨在为消费者创造难忘的记忆。

二、体验经济的特征

体验经济作为一种独立于服务经济的新兴经济形态，代表着一种先前存在却未被清晰定义的经济产出类型。体验经济的本质是通过商品和服务为消费者创造独特的感官体验和思维认同，从而改变消费行为，并为商品找到新的生存价值和空间。这种体验不仅仅是一件商品或一项服务，更是一种特殊的事件，让人们以个性化的方式参与，从而达到情感、体力、智力甚至精神上的满足。在体验经济中，消费者不再是被动的接受者，而是积极的参与者。体验策划者的任务不仅限于提供商品或服务，更关键的是创造并提供最终的体验，这种体验充满感性的力量，能够给消费者留下深刻而愉快的记忆。综合来看，体验经济的特征主要体现在以下几方面（图2-3-1）。

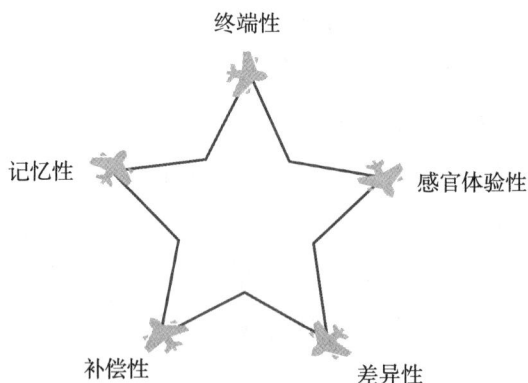

图 2-3-1　体验经济的特征

（一）终端性

在体验经济形态下，消费者的最终目标不再是单纯获得一项产品或服务，而是追求与之相关的独特体验。这种体验是终端目标，因为它超越了物质商品或服务的直接交易，转而关注消费者在使用产品或服务过程中的情感反应和心理体验。在体验经济中，企业提供的不仅是产品本身，更是一种环境、氛围或故事，旨在为消费者提供一次深刻的、个性化的体验。这种体验能够在消费者心中留下持久的印象，从而形成其与品牌的情感联系。终端性体现了体验经济的本质，即通过创造难忘的体验来提升产品或服务的价值。这种体验的创造需要综合考虑消费者的预期、情感和文化背景，使之成为消费决策的核心。因此，在体验经济中，体验的设计和提供成为企业核心竞争力的重要部分，直接影响着企业的品牌形象和市场地位。

（二）感官体验性

在体验经济形态中，体验的创造和传递强调激发消费者的感官体验。感官性涉及视觉、听觉、触觉、嗅觉、味觉，企业通过各种方式刺激消费者的感官，以增强其对产品或服务的整体体验。感官体验在体验经济中的重要性体现在它能够直接影响消费者的情绪和记忆，从而形成对品牌的深刻印象。例如，精心设计的店面布置、独特的音乐背景、特定的香氛氛围，甚至是产品的质感和味道，都是消费者感官体验的组成部分。这些感官元素共同作用，创造了一种沉浸式的体验环境，使消费者能够在购买过程中获得超越物质产品的精神愉悦和情感满足。在体验经济中，感官体验不仅是产品或服务的一个附加特征，更是构成体验价值的关键因素。它帮助企业与消费者建立更加直接和深层的情感联系，增强消费者的品牌忠诚度和满意度。因此，感官体验的设计和实施成为企业在体验经济时代获得竞争优势的重要策略。

（三）差异性

差异性的核心在于定制化和个性化，满足消费者对于独特性和特别体验的需求。在体验经济时代，消费者不再满足于标准化的产品或服务，他们寻求的是能够体现自己个性和偏好的消费体验。因此，企业需要通过深入了解消费者的兴趣和期望，设计出具有个性化特征的产品和服务，从而创造出独一无二的消费体验。这种差异化不仅体现在产品设计上，还体现在服务方式、交互体验甚至营销策略上。差异化体验的创造对于企业来说是一种挑战，也是获得竞争优势的关键。通过提供独特的、定制化的体验，企业能够建立强烈的品牌个性，增强消费者的品牌认同感，从而提升品牌的市场影响力。

（四）补偿性

在现代社会，随着生活节奏的加快和工作压力的增大，人们越来越需要通过某些活动来补偿日常生活中的不足，寻求放松、娱乐或者精神上的满足。体验经济正好满足了这种需求，它提供的不仅仅是物质产品或基本服务，更是一种心理和情感上的补偿体验。这种体验能够让消费者在繁忙的工作和生活中找到出口，享受片刻的宁静和愉悦。补偿性体验通常表现为情感化的服务，如度假村提供的放松体验、主题公园的娱乐体验，甚至是购物中心为消费者打造的购物体验。

（五）记忆性

在体验经济中，消费者所获得的不仅是瞬时的服务或产品，更重要的是这些体验在他们心中留下的深刻记忆。记忆性强调的是体验所产生的长远影响，即消费者对某一体验的持久回忆和感受。这种记忆往往超越了产品或服务本身的实用价值，转而成为消费者情感上的一部分，在一定程度上影响着他们的行为。例如，一个精心设计的假期旅行、一场感动人心的演出或者一次特别的家庭聚会，这些体验在提供即时的愉悦和满足的同时，更在消费者心中种下了持久的记忆。

三、体验经济下消费的转变

理解和适应消费的变化，对于企业和品牌来说至关重要，这不仅关系到如何更好地满足消费者需求，还关系到如何在竞争日益激烈的市场中保持竞争力。体验经济下消费的转变主要体现在以下两个方面。

（一）消费需求的转变

消费需求的转变主要表现在以下三方面。一是情感需求比重上升。随着经济和社会的发展，人们的物质需求逐渐得到满足，情感和精神上的需求开始增多。在体验经济中，消费者更加注重购买过程中的体验和感受，而非产品本身。这种转变导致了消费者对产品和服务的不同评价标准：人们开始更多地寻求那些能够提供独特体验的产品和服务。二是大众化标准产品失势。在体验经济中，一刀切的产品难以满足消费者的个性化需求。消费者开始寻求更加独特、定制化的产品和服务，以此来表达自己的身份和品位。三是被动消费逐渐转变为主动消费。在体验经济时代，消费者的角色发生了变化。他们不再是被动的消费者，而是积极参与和共创消费体验的主体。消费者开始主动寻找能够提供独特体验的产品和服务，愿意为此投入更多时间和精力。同时，消费者通过社交媒体等渠道分享自己的消费体验，在一定程度上影响了其他人的消费决策。

（二）消费行为的转变

互联网的兴起不仅改变了世界，更深刻地影响了消费者的购买行为和体验。在体验经济中，消费者面对的是一个信息量巨大、选择多样的网络世界。在互联网的赋能下，产品呈现给消费者的方式更加直观和多元。比如，在线购物平台允许消费者通过360°视角查看产品，这种全方位的展示使消费者能够更加清楚地了解产品的每个侧面和细节。这种互动并不限于视觉体验，还扩展到了信息获取层面。当消费者将鼠标悬停在产品的某个部分时，会弹出对话框，其中详细介绍该部位的材质、技术和其他相关信息。这种互动方式极大地提高了消费者的购买欲。另外，消费者还可以进入在线定制系统，选择自己喜欢的款式、颜色和设计，创建一个完全符合个人喜好和需求的产品。这种定制过程不仅仅是购买行为，更是一种富有创造性和个性化的体验。

四、体验经济理论对体育、文化与旅游融合的指导意义

体验经济理论为体育、文化与旅游的融合提供了良好的理论基础，指引着这些领域如何在现代社会中共同发展。在体验经济理论的框架下，体育、文化和旅游被看作创造和提供独特体验的重要领域。体育赛事不再只是观看运动员的竞技，而是变成了一种全方位的体验，包括激动人心的现场氛围、与其他观众的互动，甚至是与赛事相关的文化活动。这种体验超越了简单的观赛行为，成为一种文化和社交的庆典。同样，文化活动和旅游体验也在体验经济的驱动下发生了转变。文化活动，如音乐会、艺术展览等，不再仅是被动观赏，而是变成了一种互动体验。旅游也不再是简单的地点转移，而是变成了一种探索、学习和体验不同文化的过程。这种体验的深度和丰富性吸引了越来越多的人参与进来。当体育、文化与旅游融合时，三者共同创造了一个更为丰富和多元的体验领域。体育赛事可以成为文化和旅游的一部分，吸引游客参与并体验当地的文化特色。文化活动可以与旅游结合，为游客提供深入了解和体验目的地文化的机会。这种融合不仅增强了各自领域的吸引力，也为消费者提供更加多样化和深层次的体验。体验经济理论还强调体验的独特性和记忆价值。体育、文化和旅游的融合不仅是经济活动的一种方式，更是创造持久记忆和情感联系的艺术。通过提供无可替代的体验，这种融合促进了各个领域的创新和发展，同时满足了现代消费者对于个性化体验的需求。

第四节 可持续发展理论

一、可持续发展的概念

关于可持续发展的概念，仁者见仁、智者见智。以下四种定义从不同的角度对可持续发展进行探讨。

从生态学角度出发，可持续发展被定义为一种旨在保护并增强环境系统生产力和再生能力的战略。这一观点的核心在于环境的承载能力和再生能力，强调的是人类活动不能超出这一极限，主张人类的发展必须与环境系统的和谐共存相结合，确保资源的可持续利用和环境的长期稳定。

从社会学角度出发，可持续发展关注的是在生态系统承载能力范围内改善人类生活和生产条件。这一观点不仅包括生态的考量，还涵盖了自由、平等、人权等社会价值观念，强调人的全面发展。社会学视角下的可持续发展认为，实现可持续发展这一目标需要保障人们拥有健康的身体、高质量的生活，以及平等获取资源和发展机会的权利。

从经济学角度出发，可持续发展是在环境和资源承载力的基础上推动经济的最大化发展。这种观点强调在追求经济增长的同时，必须考虑环境保护和资源的合理利用，实现经济、环境和资源三者的协调发展。经济学视角下的可持续发展要求人们在发展决策中寻找一种平衡，确保经济增长不会以牺牲环境和资源为代价。

从技术角度出发，可持续发展侧重利用现代技术来促进节能减排、改善生产方式。技术视角下的可持续发展着眼于通过先进技术减少资源的消耗、优化生产过程，如将废弃物转化为资源，实现高效、节能、零排放的生产方式，从而促进环境保护和资源的可持续利用。

可持续发展强调环境与发展的紧密联系，即通过降低能耗和能源密集程度，实现长期、持久的发展。这种发展策略的核心在于促进人类与自然、人与人之间的和谐共处。可持续发展的目标是既满足当代人的需求，又不对后代人满足其需求的能力构成危害，从而实现全球生态和社会的长期平衡。

二、可持续发展的类型

可持续发展涉及领域较多，根据不同的标准，可以被划分为多种类型，具体如图 2-4-1 所示。

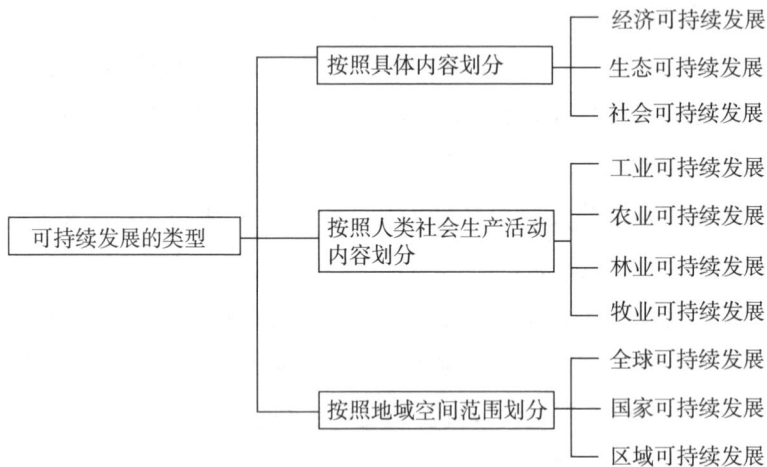

图 2-4-1　可持续发展的类型

从所涉及的具体内容看，可持续发展可以分为经济可持续发展、生态可持续发展和社会可持续发展三个方面。经济可持续发展强调在不损害环境和社会结构的前提下，实现经济效益的最大化；生态可持续发展侧重保护自然环境，维护生态平衡，确保自然资源的合理利用和长期可利用性；社会可持续发展则涉及促进社会公正、提高生活质量，从而保证所有社会成员的平等机会和权利。

按照人类社会生产活动的内容划分，可持续发展可以细分为工业可持续发展、农业可持续发展、林业可持续发展和牧业可持续发展。这一分类关注特定行业或领域内的可持续发展问题，如工业可持续发展着眼于产业升级和清洁生产，农业可持续发展则关注可持续农业实践和食品安全等。

从地域空间范围看，可持续发展又可划分为全球可持续发展、国家可持续发展和区域可持续发展三个层面。全球可持续发展关注的是全球性环境问题和国际合作；国家可持续发展着眼于国家层面的政策和战略；区域可持续发展则关注特定区域内的环境、经济和社会问题。

三、可持续发展的原则

可持续发展应遵循的原则如图 2-4-2 所示。

图 2-4-2　可持续发展的原则

（一）公平性原则

可持续发展是一种机会、利益均等的发展。它既包括同代内区际的均衡发展，即一个地区的发展不应以损害其他地区的发展为代价；也包括代与代之间的均衡发展，即既满足当代人的需要，又不损害后代的发展能力。该原则认为人类各代都处在同一生存空间，他们对这一空间中的自然资源和社会财富拥有同等享用权，他们应该拥有同等的生存权。

（二）持续性原则

持续性原则指的是人类经济和社会的发展不能超越资源和环境的承载能力，即在满足需要的同时必须有限制因素。因此，在满足人类需要的过程中，限制因素的存在很有必要。一般而言，限制因素主要有人口数量、环境、资源，以及技术状况和社会组织对环境满足眼前和将来需要能力施加的限制。最主要的限制因素是人类赖以生存的物质基础——自然资源与环境。因此，持续性原则的核心是人类的经济和社会发展不能超越资源与环境的承载能力，从而真正将人类的当前利益与长远利益有机结合。

（三）共同性原则

各国可持续发展的模式虽然不同，但公平性和持续性原则是共同的。可持续发展是超越文化与历史的障碍来看待全球问题的。它讨论的问题是全人类的问题，所要达到的目标是全人类的共同目标。虽然国情不同，实现可持续发展的具体模式不可能是唯一的，但是原则是共同的，各个国家要实现可持续发展都需要适当调整其国内和国际政策。只有全人类共同努力，可持续发展的总目标才有可能实现。

四、可持续发展与高质量发展的关系

从宏观层面看，"高质量发展"这一概念的提出，正是为了应对中国经济发展中主要矛盾的转变，以及日益增长的多样化、高端化需求。这一理念突破了传统的量的增长模式，强调经济发展的质的提升。它涵盖六大核心内涵：高质量的供给、需求、配置、投入产出、收入分配和经济循环。这些共同构成了高质量发展的全貌。高质量的供给强调在产品和服务的生产上追求更高的标准，通过创新和改进，满足市场对优质产品的需求。高质量的需求指的是消费者对产品和服务的需求从数量扩张转向质量提升。高质量的配置是指资源配置的优化，确保资源在各个领域得到高效、合理的利用。这与高质量的投入产出紧密相关，后者关注的是如何用最少的资源投入获得最大的经济效益。高质量的收入分配强调实现更加公平合理的收入分配，提高人民生活水平，促进社会和谐稳定。高质量的经济循环则强调建立可持续的经济发展模式，促进绿色环保、循环经济。因此，高质量发展是中国经济面对新时期挑战的必然选择，它不仅仅关注经济增长的速度，更加重视经济发展的质量和效益，以及对环境的可持续性。

可持续发展理念的提出源于对 20 世纪 80 年代全球性的环境和资源问题的深刻反思。可持续发展理念倡导经济活动不应仅仅追求短期的利益和增长，而应在资源和环境条件的约束下进行，确保经济活动的长期可持续性。在可持续发展理念的指导下，经济增长与环境保护并非相互对立，而是相辅相成的两个方面。这就要求人类在开展各种经济活动时，必须考虑其对生态环境的影响，采取必要的措施，减少环境污染和资源浪费。同时，可持续发展也强调公平性，即当前的发展不能以牺牲后代人享受充分资源和良好环境为代价。实现可持续发展，需要政府、企业和公众共同努力。

高质量发展与可持续发展在概念上密切相关，两者都强调在经济增长中注重环境保护、社会公正和资源高效利用。高质量发展可以被视为可持续发展的方法论，即实现可持续发展的具体途径。高质量发展不仅仅关注经济增长的速度和规模，更重视经济增长的质量和效益，强调经济发展过程中资源的高效利用、环境的保护和社会的全面进步。在高质量发展的框架下，经济活动不再单纯追求短期的产出和利润最大化，而是着眼于长远的、全面的发展目标。这包括推动科技创新、提升产业结构的优化、实现绿色低碳转型，以及促进社会公平和谐，确保可持续发展的实现，使得经济增长与环境保护、社会福祉相辅相成。因此，高质量发展是实现可持续发展的根本途径。

五、可持续发展理论对体育、文化与旅游融合的指导意义

在可持续发展理论指导下，体育、文化、旅游领域的融合必须考虑环境保护、社会公正和经济增长之间的平衡。这一理论视角不仅关注当前需求的满足，更重视未来世代的福祉。在可持续发展理论框架下，体育、文化和旅游的融合不再仅仅是为了追求短期的经济效益，而是变成了促进可持续发展的一个重要途径。体育活动在追求绿色、环保的同时，积极弘扬

公平竞争和团队精神等社会价值观。文化活动在传承和发展文化遗产的过程中，强调对环境的尊重和对社会多样性的保护。旅游业在发展当地经济的同时，越来越注重对自然资源和文化遗产的保护。体育、文化与旅游这三个领域的融合，在可持续发展理论的指导下，不仅为当地社区带来了经济利益，更重要的是，它们共同促进了社会的包容性和文化的多样性。

第五节　共生理论

一、共生的相关概念

共生这一概念最初源自生物学，指的是不同物种间形成的某种互利共存、共同进化或相互抑制的关系。随着时间的推移，共生理论已经扩展到哲学、社会学、经济学和管理学等多个领域，显示出广泛的应用价值。我国学者袁纯清在《共生理论——兼论小型经济》中对此概念进行了进一步阐述，认为共生涉及三个核心要素：共生单元、共生模式和共生环境。在这三者之中，共生单元构成了基础，共生模式是维持共生关系的关键，共生环境则提供了形成这种关系的必要外部条件。共生关系实质上是一种自组织现象，体现了共生体在寻求发展过程中的自发行为。

共生并非简单的"和平共处"，而是在一定条件下，不同生物之间形成的一种平衡状态。这种关系是一个复杂且互相依赖的系统，涵盖了两个主要方面。首先，不同的生物能够稳定且持久地互相结合，形成亲密的共生关系。这种结合对双方都有利，能实现代谢的互补和能量的转换，从而维持动态平衡。其次，生物间的相互关系在所有关系中占据重要地位，生物的进化很大程度上是由这些相互关系所驱动的。在生物群落中，这些关系极其复杂，然而个体或群体的成功并不仅仅依赖强者的优势，更在于它们在群体中如何紧密合作。这正是生物哲学在人文科学领域的诠释。产业共生概念的产生来源于生态系统的仿真，融合了经济与生态的属性，核心目标是通过促进企业间或产业间的合作，增强各方面对风险的抵抗力，提升竞争力及盈利能力。而且，产业共生能够通过形成共识来降低交易成本，从而节约资源、提高效率，并有助于环保。这不仅推动了资源的高效利用，也是推行循环经济的一种有效方式，实现了环境与经济的双赢。产业共生还体现在两个主要维度上：第一，不同类别的产业或同一类产业中的不同价值模块可以通过产业链的延伸而互相联系，这种延伸带来的价值增值促使相关模块发展经济业务联系，从而实现互动、协同和融合；第二，相同或相似产业的价值模块通过分工的细化和资源的整合，促成了更深层次的互动与耦合。这两种维度分别强调了产业共生在横向拓展和纵向演进方面的重要性。以体育、文化、旅游的融合为例，三者融合体现了基于产业共生理论的互相依存和协同进化。三大产业通过优势互补和资源的合理配置，实现了各自的长期发展和共同繁荣。这种协作不仅增强了各自产业的竞争力，还提高了整体经济效益和社会价值，充分体现了产业共生的经济和生态双重价值。通过这种方式，体育文化旅游产业能够有效利用各自资源，共同推动可持续发展的战略目标。

二、体育、文化与旅游共生要素分析

（一）共生单元

共生单元是构成共生体和共生关系的基本能量生产和交换单位。在体育、文化与旅游共生系统中，共生单元在宏观和微观层面上具有不同的表现和功能。在宏观层面上，共生系统由两个主要层面的单元组成：支撑层单元和核心层单元。支撑层单元是确保体育文化旅游活动正常运行的基础设施和服务提供者，包括提供餐饮、住宿、交通、旅游、购物及娱乐等服务的旅游业相关企业。这些单元为整个共生系统提供必要的支持和服务，使得相关活动能够顺利进行。核心层单元更加专注于体育文化旅游活动的核心吸引力，包括体育旅游景点和资源开发企业等子单元。这些企业拥有并开发体育旅游资源，构成了体育、文化与旅游共生系统中最关键的部分。核心单元不仅提供独特的体育和文化体验，也是吸引游客和推动经济增长的重要力量。整体来看，这两个层次的共生单元相互依存，共同推动体育文化旅游产业的发展。

（二）共生环境

体育、文化与旅游的共生环境可以分为内部环境和外部环境，具体内容如下。

1. 内部环境

（1）资金基础。资金基础是支持体育、文化与旅游共生系统运作的根本。资金的充足与否直接影响着项目的启动、运营是否顺利。在体育、文化与旅游领域，资金不仅用于基础设施建设，如体育馆、博物馆的修建和维护，还包括对赛事活动、文化节庆、旅游推广等的投入。资金充裕可以使得各类活动得到更好的策划和执行，吸引更多的参与者和观众，同时能提升服务质量，从而在更广阔的市场中获得竞争优势。反之，资金的短缺将限制这些活动的规模和质量，甚至影响整个产业的健康发展。

（2）资源状况。资源状况主要包括自然资源、人文资源和赛事资源。自然资源如风景名胜区、自然保护区等，是吸引消费者旅游的重要资本，对这些资源的保护和合理利用直接关系到旅游业的可持续发展。人文资源主要包括历史遗迹、艺术品等，是文化旅游的核心内容。这些资源的丰富性和独特性是提升文化吸引力、增强文化自信的关键。赛事资源如国际国内的体育比赛和表演赛事，不仅能够促进体育产业的发展，还可以作为一种重要的旅游资源，吸引消费者的目光。

2. 外部环境

体育、文化与旅游共生的外部因素主要包括经济环境、政策环境和社会环境，它们共同构成了一个复杂的网络，影响并塑造着三者的融合轨迹。

（1）经济环境。经济环境为体育文化旅游活动提供了必要的财务支持和市场动力。当经济状况良好时，消费者更愿意投资休闲娱乐活动，从而在一定程度上助推相关产业的发展。此外，繁荣的经济也能引来更多的投资，促进基础设施建设和服务质量的提升，进一步增强这些产业的吸引力和可持续发展能力。然而，经济衰退可能抑制消费者的支出意愿，降低其对旅游及相关活动的需求，从而对这些产业构成挑战。

（2）政策环境。政策环境的支持是体育、文化与旅游共生系统有效运作的关键。政府通过制定有利政策，如减税、资金补助和推广活动，可以极大地促进体育设施的建设、文化遗产的保护和旅游业的国际化发展。政策也可能通过简化旅游签证程序、支持大型体育赛事和文化节庆活动的举办来提升行业的国际地位和吸引力。相反，缺乏政策支持或政策制约可能限制这些产业的发展空间，降低其全球竞争力。

（3）社会环境。社会环境直接影响体育文化旅游产业的社会接受度和参与度。社会的开放性、多元化及对新事物的接受程度决定了新兴体育项目、文化表达形式和旅游产品的市场接纳情况。社会稳定性、公共安全和对外来文化的包容性对旅游尤为重要，因为这些因素直接影响消费者的旅游选择和体验质量。另外，生活方式的变化也会影响消费者对相关活动的需求和消费模式。

（三）共生模式

共生模式是指共生单元互动或结合所采用的方式。共生模式可以分为组织模式和行为模式两大类。组织模式关注的是共生组织的状态，主要包括点共生模式、间歇共生模式、连续共生模式和一体化共生模式。行为模式反映的是共生行为的过程。理论上，结合组织模式和行为模式的不同类型，可以构想出16种可能的共生模式。然而，在实际的应用中，并非所有理论上的共生模式都实际存在。只有部分共生模式因其实际的可行性和效益，在实践中被采用。体育、文化与旅游的共生模式主要存在以下几种情况。

1. 寄生型点共生模式

寄生型点共生模式是一种偶发的、临时性的、相对封闭的共生状态，其共生单元之间的互动不仅不稳定，还通常表现为单向的能量流动。在这种模式下，一方单独承担成本和风险，另一方则可能获得收益，但这种收益的实现并不确定。以体育赛事在旅游景区的组织为例，这种模式通常见于旅游景区自发举办的体育休闲赛事，其中赛事的组织和成本完全由景区独立承担。虽然这种做法的初衷是吸引游客和提升知名度，但因为缺乏持续性的投入和策略性规划，赛事的效果很难保证。事实上，这种模式的不稳定性并非完全是负面的，它也具备向更高级共生模式转化的潜力。一个典型的例子是江苏宿迁的生态四项赛。最初，该赛事仅是一个定位为国家C级的小规模活动，未能获得显著的名誉和经济效益。但随着赛事组织的逐渐规范和宣传的有效性增强，生态四项赛逐步提升至国家A级赛事，同时显著提升了举办地骆马湖的知名度和影响力。这一转变展示了即使是寄生型点共生模式，在正确策略的引导下，也能够实现向更有益的共生状态的演进。但是寄生型点共生模式的偶然性和非持续性也有其固有的风险。部分景区出于对短期利益的追求，一旦发现初次活动的效果不佳，便可能放弃进一步的尝试，导致潜在的长期利益未能实现。因此，虽然寄生型点共生模式在某些情况下可以带来意外的正面结果，但其本质的不稳定性和不确定性仍需谨慎对待，并考虑如何通过持续投入和策略调整转化为更可靠的共生模式。

2. 偏利型点共生模式、偏利型间歇共生模式

这两种共生模式的共同点在于共生单元之间的接触与交流只限于局部，且生成的新能量只流向其中一个共生单元。偏利型点共生模式具有一定的稳定性，但它的封闭性较强，通常涉及单一事件的一次性互动。这种模式在实践中体现为一次性的、受益显著的活动。例如，在不同地点举办的中国（无锡）国际瑜伽节，虽然每次活动都能成功吸引参与者和观众，但活动结束后，共生单元之间的直接互动即告终止。偏利型间歇共生模式中的共生单元虽然在活动之间存在时间间隔，但其互动是周期性且重复发生的。例如，镇江的"江苏航空体育旅游季"便多次在金山湖畔成功举办，每次活动都为特定地点带来了新的关注和资源聚集，虽然活动之间有

间隔，但通过定期的重复，增强了地点的品牌影响力和吸引力。

3. 非对称互惠连续共生模式、非对称互惠间歇共生模式

这两种共生模式的共同之处在于产生的新能量进一步增加但能量分配存在差异。非对称互惠连续共生模式表现为一种持久且必然的状态，其共生单元的作用和互动在多个方面持续发生，从而产生更多的新能量。例如，南京的聚宝山体育拓展训练基地、镇江圌山的房车露营地等不仅提升了地区的体育文化氛围，也为当地的旅游业带来了稳定的人流和收益。相比之下，非对称互惠间歇共生模式则显示出较为局限的能量产生，其活动通常是不定期举行的小型或中型赛事，需要景区内部各部门和人员的配合。这种模式的影响力和持续性较低，活动虽能吸引人们短期关注，但对长期发展的贡献较小。

4. 对称互惠连续共生模式、对称互惠一体化共生模式

从实践角度看，对称互惠是一种理想化状态，其共生单元间的能量和利益分配达到了相对平等。从组织模式看，对称互惠一体化共生模式因其内部交流阻力极小而显得尤为有效，不仅仅关注事中或事后的分工规划，更侧重于事前的详尽分工，包括资源的全面整理与划分及团队功能的精细架构设计，使得共生互动目标明确、交流顺畅，有望达到帕累托最优，即任何单元的状态改善都不会导致另一单元的利益受损。南京环老山体育旅游景区就是对称互惠一体化共生模式的一个典型例子。该区域不仅在体育核心资源项目的设置上表现出极高的专业性，还在旅游业服务配套方面，包括餐饮、住宿、交通、娱乐等，也展示了高度的耦合度与匹配度。这种高度整合的共生系统有效地提升了游客的整体体验，同时促进了地区经济和文化的全面发展。

第三章　体育、文化与旅游产业融合的发展机理

第一节　体育、文化与旅游产业融合的基本条件

一、消费水平明显提升

随着我国经济的快速发展和居民消费水平的显著提升，人们的消费模式正发生深刻变化。在满足日常生活需求的基础上，越来越多的居民开始转向精神文化产品的消费。这一转变在我国大力发展文化产业和进行供给侧改革的政策背景下尤为明显。而体育、文化、旅游产业的融合正好满足了这种消费需求，其产品不同于传统商品，更多地关注精神内涵和文化价值。这种消费模式的兴起，不仅反映了社会经济发展水平的提升，也体现了人们对生活质量和文化追求的新期待。

下面选取大学生、学者作为研究对象，对其消费行为进行分析。

对于大学生来说，他们通常年轻、开放、好奇，渴望获得新的体验。随着父母收入水平的提升，大学生可以获得更多的生活费用，进而拥有更

多的资金用于各种形式的消费。大学生消费能力的提升在一定程度上促进了体育、文化、旅游的融合。

对于学者来说，这一群体通常具有较高的教育背景和专业知识，在日常消费中更注重产品内容的深度和广度。随着收入水平的提升，学者更倾向于参与那些能够促进学术交流、增长知识、拓宽视野的活动，如学术会议、历史文化考察等。学者的专业性需求有效推动了体育、文化与旅游产业的融合。

二、市场环境逐步优化

市场作为一个多功能的交易平台，不仅为企业提供了商品交易的场所，还为不同产业间的竞争与合作提供了舞台，满足了消费者多样化购买需求。在当前的市场环境中，产业间的竞争和合作成了市场运作的关键动力。这种竞争与合作的关系促进了市场的活跃与创新，使得具有互补性质的产业趋向融合。这种融合不仅产生了新的衍生产品，也催生了新的业态。

以中国旅游市场为例，为了脱颖而出，许多优秀的旅游企业通过战略结构调整，将文化资源作为发展的重点。通过深入挖掘和创新文化产品的类型和内涵，这些企业迅速成为市场上的亮点。在不断地调整和优化产品的过程中，这些企业逐渐形成了成熟的旅游产品，不仅将文化资源有效融合，还创造了体育旅游产品，以灵活的姿态应对市场变化，有效提升了自身的竞争力。这种结合使得旅游不再限于简单的休闲活动，而是成了一种综合性的体验活动，满足了现代消费者对于深度和个性化旅游的需求。

三、政策优势较为突出

为了更好地促进体育、文化、旅游产业的融合，我国颁布了一系列政策文件。2009 年 8 月，《文化部 国家旅游局关于促进文化与旅游结合发展的指导意见》提出："采取积极措施加强文化与旅游结合，切实推动社会主义文化大发展大繁荣。"2019 年 8 月，国务院办公厅发布《国务院办公厅关于进一步激发文化和旅游消费潜力的意见》，其中指出："促进文化、旅游与现代技术相互融合，发展基于 5G、超高清、增强现实、虚拟现实、人工智能等技术的新一代沉浸式体验型文化和旅游消费内容。"2021 年 12 月，国务院印发《"十四五"旅游业发展规划》，并指出："坚持以文塑旅、以旅彰文。"2022 年 10 月，工业和信息化部、教育部、文化和旅游部、国家广播电视总局、国家体育总局印发《虚拟现实与行业应用融合发展行动计划（2022—2026 年）》，并在总体要求中强调："在工业生产、文化旅游、融合媒体、教育培训、体育健康、商贸创意、智慧城市等虚拟现实重点应用领域实现突破。"

第二节　体育、文化与旅游产业融合的核心要素

一、企业战略提升

随着普通产品市场的饱和，企业必须通过战略升级来改善产品质量和增强市场竞争力。这种战略升级涉及从根本上调整企业的运营和规划，以便在日益激烈的市场竞争中保持领先地位。企业战略升级主要表现在以下几个方面。

第一，随着人们对知识产权保护意识的增强，知识产权和品牌效应两个因素已经成为衡量企业软实力的重要标准。对于文化产业来说，企业需要将发展重点放在培育以知识产权和品牌效应为核心的竞争力上。这意味着相关企业不仅要注重自身产品的原创性和创新性，还要在跨产业合作中通过有效的市场推广和品牌建设来实现自我宣传，在市场中建立独特的地位，吸引更多的消费者和合作伙伴。对于体育旅游产业而言，可以通过文化创意设计，提升自身的知名度，增强产品的吸引力和市场竞争力。例如，相关企业可以将当地的文化元素和故事融入体育旅游产品，以创造独特的体验，增加产品的附加值。

第二，随着传统媒介的影响力逐渐减弱，企业营销的方式需要进行根

本性改革。互联网为企业提供了新的营销渠道和手段，如社交媒体营销、内容营销、数字广告等。企业通过这些新兴的网络平台，可以更有效地触达目标群体，实现更加精准和个性化的市场推广。

第三，注重社会公益服务是为企业打造口碑效应的重要方式。当前，越来越多的企业开始关注社会公益，通过在重要节假日对福利院等进行慰问和援助，不仅体现了自身的社会责任感，也在消费者心中树立了良好的企业形象。这种做法为企业赢得了公众的尊重和认可，取得良好的社会效应。

第四，企业竞争的本质在很大程度上是技术的竞争。拥有独特的核心技术是企业稳固市场地位、获得竞争优势的基石。为了实现这一目标，各大企业正在加大对技术型人才的投入，不仅在数量上有所增加，薪酬和福利待遇方面也更加优厚。这不仅有助于吸引和留住行业顶尖人才，也是推动企业技术革新和持续发展的重要手段。

二、企业管理者管理能力增强

在国家大力推动文化产业发展的背景下，体育、文化与旅游产业融合势在必行。这三个产业的融合不仅能促进区域经济、文化和社会的发展，还对提升企业的经济效益有着显著影响。因此，企业管理者需要通过创新思维，将文化元素与旅游体验相结合，创造出独特的产品和服务。具体来说，企业管理者需要具备的管理能力主要包括以下几点，具体如图 3-2-1 所示。

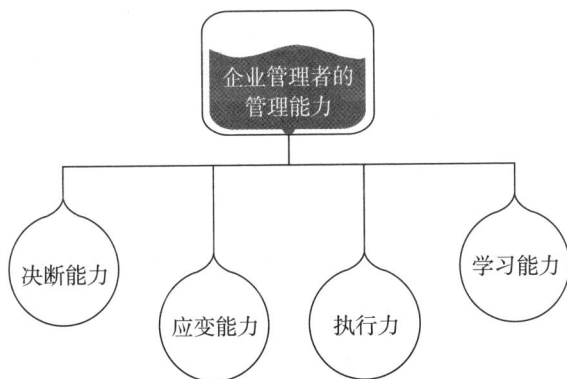

图 3-2-1　企业管理者的管理能力

（一）决断能力

企业管理者的决断能力是推动体育、文化与旅游产业融合的重要驱动力，它直接关系到企业在激烈的市场竞争中能否有效地整合资源、把握机遇，创造更大的商业价值。首先，融合体育、文化、旅游这三个产业需要管理者具备敏锐的市场洞察力和前瞻性思维，能够准确判断市场趋势和消费者需求。管理者的决策是否正确直接影响企业能否抓住市场机遇，创造独特的产品和服务。其次，体育、文化与旅游产业的融合涉及复杂的资源配置和业务协调。管理者的决断能力保证了在面临重要选择时，能迅速做出有效的策略调整和资源整合，从而提升企业的运营效率和市场反应速度。再次，这三个产业的融合常常伴随新技术的应用和创新业务模式的探索。管理者需要具备决断力，敢于在新领域进行投资和尝试，推动企业持续创新，保持竞争优势。

（二）应变能力

在这个多变的市场环境中，各种不可预测的因素可能影响产业的发展，如经济波动、政策变化、技术革新等。如果管理者具备良好的应变能力，不仅能够迅速对这些变化做出反应，还能够预见未来的趋势和挑战，并据此调整企业策略。特别是在体育、文化与旅游产业的融合过程中，企业管理者的应变能力尤为重要。体育、文化与旅游这三个产业各具特点，融合时需要考虑不同领域的资源整合、市场定位和消费者需求。管理者需要在变化中寻求机会，如利用新兴技术改善客户体验、开发新产品或服务，以满足日益增长的文化旅游需求。此外，管理者的应变能力还体现在快速解决问题和冲突上。在产业融合的过程中，难免会出现资源分配不均、团队协作障碍等问题，有效的应变能力能够帮助管理者及时找到解决方案，保持项目的顺利推进。

（三）执行力

具备良好执行力的管理者不仅能够制定合理的策略，更能确保这些策略得到实际执行。在体育、文化、旅游产业融合的过程中，管理者的执行力尤为重要。第一，管理者的执行力直接影响融合效率。体育、文化、旅游产业融合通常涉及复杂的项目管理、多部门协作以及新技术应用，只有强有力的执行，才能保证项目按计划推进，达到预期目标。第二，执行力关乎企业对市场变化的快速响应能力。在动态变化的市场环境中，能够迅速调整战略、优化服务并创新产品的企业更有可能抓住市场机遇。管理者强大的执行力可以确保企业快速适应市场需求，把握融合产业的发展机遇。第三，良好的执行力体现在管理者对团队的领导与激励上。管理者有效地指导团队，确保每个成员都能够理解并积极参与到融合过程中，这有利于提升团队的工作效率，也可以在一定程度上增强团队成员对企业目标的认同感。

（四）学习能力

在这个日新月异的时代，产业融合不仅是一种趋势，更是一种必然。管理者需要不断学习新知识、掌握新技能，以适应这种变化。良好的学习能力使管理者能够及时了解行业动态和市场变化，对于体育、文化、旅游产业的新趋势、新技术和新模式有更深入的理解。这种对行业发展脉络的把握是制定融合策略的基础。在跨领域知识的整合上，体育、文化、旅游产业各有其特点和运作模式。管理者通过学习，能够更好地理解不同产业的合作点和融合潜力，从而推动创新和协同发展。此外，学习能力有助于管理者领导团队应对挑战、培养团队创新精神。在产业融合的过程中，团队需要不断学习新技能、适应新情况。管理者的学习能力不仅为团队树立了榜样，也为团队提供了持续学习和成长的动力。

第三节　体育、文化与旅游产业融合的动力因素

一、政府

政府通过制定相关政策、法规以及提供政策指导，影响体育、文化与旅游这三个产业领域的结合方式和发展方向。首先，政府的政策制定是推动产业融合的主要手段之一。此类政策不仅提供了行业发展的框架，还明确了各级政府、企业以及社会其他组织应当如何协同工作，共同推动产业的融合。其次，政府通过立法措施来促进体育、文化与旅游产业的融合。例如，政府可以通过修改现有的法律，或制定新法来完善产业政策，为体育、文化与旅游的融合提供法律基础。再次，政府的财政政策和投资决策会影响体育、文化与旅游产业融合。政府可以通过公共投资计划直接或间接地资助那些产业融合项目，提升公共服务质量，促进地方经济的发展。

二、企业

在体育、文化和旅游产业融合过程中，竞争不可避免。面对激烈的竞争环境，企业往往专注于特定的市场细分或消费者群体，以获得竞争优势。这种市场定位使企业能够更精准地把握特定客户群的需求，为其提供更加个性化的产品和服务，从而在竞争中脱颖而出。例如，旅游企业可能专注于冒险旅游市场细分，提供定制的旅游体验；体育企业可能针对特定的运动或球队粉丝群体推出专门的商品和服务；文化产业也可能围绕特定的艺术形式或文化遗产开展业务。专注于细分市场的策略不仅有助于企业构建独特的品牌形象，也有利于企业培养忠实的顾客群体。

除了竞争，合作在这一过程中同样重要，甚至成了企业共享资源、扩展市场并发挥各自优势的关键。通过跨领域合作，企业能够突破各自领域

的边界，共同开发新的产品和服务，满足消费者日益增长的现实需求。这种合作不仅促进了资源的有效利用，还带来了创新的商业模式和市场机遇。例如，旅游企业与体育组织的合作可以创造全新的旅游产品。这种合作模式可以是在重大体育赛事期间提供专门的旅游套餐，包括比赛门票、住宿和特色活动。这样的套餐不仅为体育爱好者提供了一站式的便利服务，还为旅游企业拓展了客户群体。另外，合作还可以使企业增加收入来源，分散经营风险。当企业在不同的领域建立联系时，它们能够开辟新的收入渠道，如体育活动与旅游产品的结合等。这种跨领域的运营模式使企业不再依赖单一市场或单一产品线，降低了市场波动对企业的负面影响。例如，一个旅游企业，通过融入体育、文化等元素，拓展自身的业务，可以在非旅游旺季吸引客户，找到其他收入来源。这种多元化策略可以显著提高企业的市场适应能力，使其在面对市场不确定性和经济波动时更加稳健。

数据分析技术也是企业深入理解消费者的需求和把握市场趋势的有效支撑。借助数据分析技术，企业可以对消费者的在线行为、购买历史和个人偏好进行科学分析，洞察消费者的具体需求和未来的购买趋势。这种数据驱动的方式使企业能够设计出更加符合消费者期望的产品和服务，从而更有效地吸引和留住目标客户。在体育、文化与旅游产业的融合过程中，这种洞察尤为重要。例如，在体育领域，数据分析技术可以分析观众的观看习惯和偏好，优化赛事的播放时间和内容，甚至为观众推荐个性化的商品和服务。在文化领域，数据分析技术可以识别不同群体对于文化产品的兴趣，从而推动更具针对性的文化活动或展览的策划。在旅游领域，通过分析旅游者的行为模式和偏好，企业可以为顾客提供更加个性化的旅游路线和服务，提升顾客满意度和忠诚度。

三、消费者

（一）消费者需求层次改变

旅游消费是在人们基本生活需要满足之后而产生的更高层次的消费需

要。旅游消费主要包括四个类型，即基础性旅游消费、文化性旅游消费、享乐性旅游消费和纪念性旅游消费。基础性旅游消费是旅游消费中基本、必要的部分，主要包括旅游过程中的住宿、交通、餐饮等基本需求。这些消费项目是消费者旅行的前提，没有它们，旅行难以实现。文化性旅游消费是指消费者在旅行中对文化活动的参与和体验，包括参观历史遗迹、博物馆，以及参加当地的文化节庆活动等。这类消费更多的是满足消费者的精神需求和文化需求。享乐性旅游消费是指消费者在旅行中寻求休闲娱乐和放松的行为，如海滩度假、水疗中心体验、夜生活娱乐等。这类消费满足的是消费者的情感需求，旨在帮助消费者释放压力、放松身心。纪念性旅游消费是指消费者购买纪念品和特色商品的行为，这类消费是消费者对旅行经历的一种物质化的纪念。旅游纪念品往往具有特定目的地的文化特色，能够让消费者通过物品来回忆和分享他们的旅行经历。

在当代社会，随着物质生活水平的提升，人们的消费需求正在发生深刻的变化。特别是在旅游领域，消费者的偏好正从基本的物质满足转向更高层级的精神体验和文化体验。在这个过程中，个人的收入水平成为支撑消费需求转变的关键因素。过去，旅游消费主要集中在满足基本生存需求，如观赏自然风光、品尝地方美食等。而随着生活质量的不断提高，人们开始追求更为丰富和深入的旅游体验。现代消费者越来越倾向于寻求文化内涵和民族特色的体验，不再满足于简单的观光活动。他们渴望通过旅游深入了解和体验当地的文化和历史，参与特色文化活动。此外，伴随着消费者健康意识的增强，主题游和养生游等新型旅游方式越来越受到消费者的青睐。由此可见，随着时间的推移，消费者的消费需求层次发生变化，已经不满足于基础性旅游消费、纪念性旅游消费，而是侧重于文化性旅游消费。

随着消费者旅游需求的结构性变化，旅游市场正在经历一场深刻的内部调整。这种变化不仅影响着现有的旅游企业和中介机构，也吸引着未进入市场的潜在企业。在这个过程中，体育旅游成了旅游方式的新热点和企业改革的新方向。现代消费者越来越倾向于多元化和个性化的旅游体验，这促使相关企业和机构必须对内部战略进行调整，以适应市场的新需求。体育旅游是一种新兴的旅游方式，是体育与旅游相结合的产物。尤其将体育活动与当地文化相结合，不仅可以为消费者带来丰富的旅游体验，也为体育、文化和旅游的融合提供了强大的推动力。

（二）消费者价值倾向改变

在不同的历史阶段，消费个体的价值观经历了显著的变化。从过去到现在，这种变化反映了社会经济环境、文化背景、技术发展以及个人认知水平的演变。过去的消费倾向主要包括以下三个：一是功能性消费。在过去，消费往往以功能性和实用性为主导，其购买商品的目的是满足基本的生活需求。二是集体消费。过去的消费模式更倾向于集体主义，消费者的消费行为往往受到社会规范和传统观念的影响。三是单一消费。在过去，消费者对产品的选择相对有限，其个性化需求往往得不到充分的满足。

当前，消费者的价值倾向有了很大的转变，主要表现在以下几个方面。一是理性消费。理性消费是指消费者在购买商品或选择服务时会充分考虑自己的实际需要和财务状况，消费行为趋于合理。理性消费的背后是消费者对于资源有限性的认识和对未来的规划。二是绿色消费。绿色消费体现了消费者对环境保护的关注。它鼓励消费者选择那些对环境影响小、可持续的商品和服务。随着全球环境问题的加剧和公众环保意识的提高，越来越多的人开始倾向于绿色消费。这不仅包括选择环保产品，如节能家电、有机食品等，也包括减少资源消耗和废物产生的生活方式，如减少一次性产品的使用等。三是诚信消费。诚信消费强调的是消费者在消费过程中坚持诚实和公平的原则，诚实表达自己的需求，同时尊重商家的权益，避免欺诈和不公平的消费行为。四是个性消费。个性消费体现了现代消费者追求个性化和差异化的趋势。在这样的价值倾向下，他们多选择那些能够表达自己个性和品位的产品和服务。个性消费的兴起，反映了现代社会对个人表达和自我实现的重视。五是社会责任消费。社会责任消费反映了消费者对社会责任和道德的关注。在这种价值倾向下，消费者多选择那些社会责任感强的企业和品牌。六是文化消费。文化消费是指消费者在消费中追求文化和艺术层面的享受。文化消费观念往往与个人的文化兴趣和审美取向密切相关，包括阅读、观看电影、参观展览、旅游等活动。

消费者的消费行为深受其对产品的认知和价值观念的影响。人们的价值倾向是复杂、多维和层次分明的，这就构成了其消费行为的心理基础。尤其在体育文化旅游消费领域，这一点表现得尤为明显。体育文化旅游不仅仅是一种经济活动，更是消费者对这类消费的价值取向的体现。对于体育文化旅游消费来说，它是人们对这类消费的具体的价值取向。

第四章 体育、文化与旅游产业融合高质量发展模式

第一节 渗透型融合发展模式

文体旅产业融合的产业渗透发展模式是一种创新的高端技术与传统产业融合的动态过程，标志着高科技与低端传统产业的交互优化和提升，呈现为一种碎片式同化的趋势。在渗透型融合模式下，体育与文旅的融合实际上是借助互联网、人工智能、区块链等先进技术，促进第三产业之间的相互渗透和结构重组，进而衍生出新型的服务产品的过程。在渗透型融合模式中，高端技术的应用使得产业服务更加智能化和信息化。服务提供者通过 APP、网站、公众号和小程序等多样化的终端形式，与消费者进行无缝沟通，实现自助服务模式，大幅提高了服务效率，同时显著降低了时间成本、财力和物力投入，优化了运营流程。渗透型融合发展模式的主要表现形式包括旅游演艺、电子竞技、体育传媒、冰雪运动等。

一、旅游演艺

（一）旅游演艺的分类

旅游演艺是以游客为主要受众，通常依托旅游区，综合运用歌舞、杂

技、曲艺等表现形式，以表现地域文化背景或民俗风情为主要内容的主题商业演艺活动。旅游演艺作为一种结合了娱乐、文化和观光功能的活动，近年来越来越受到人们的欢迎。它不仅丰富了人们的旅游体验，还成为推广当地文化的重要方式。其中，实景旅游演出、主题公园旅游演出和剧场表演旅游演出是常见的三种旅游演艺形式，如图4-1-1所示。

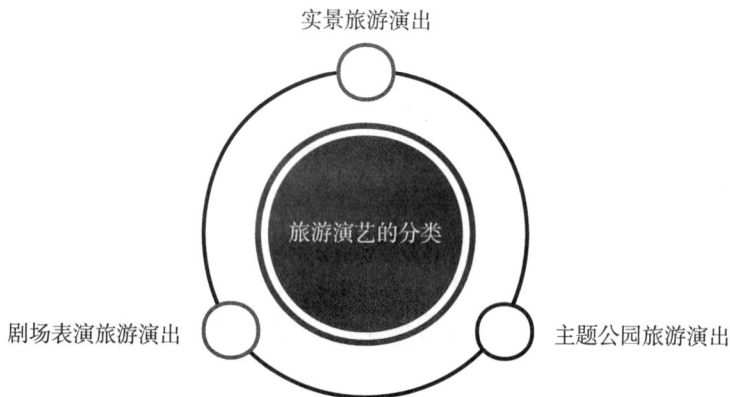

实景旅游演出

旅游演艺的分类

剧场表演旅游演出   主题公园旅游演出

图4-1-1　旅游演艺的分类

　　实景旅游演出是一种在真实自然或文化景观中进行的演出。与传统剧场相比，实景旅游演出的最大特点是演出环境的真实性和原生态。这种类型的演出通常结合了当地的历史背景、自然风光和文化特色，通过演员的表演和高科技的舞美效果，为观众提供沉浸式的观看体验。实景旅游演出通常具有较强的区域特色，它不仅展示了当地的历史文化，还借助演出的形式，加深了游客对当地风俗和传统的理解。例如，"印象·刘三姐"的演出就是在广西桂林的山水间进行的，利用自然景观作为背景，展现了当地的民族文化和传统。

　　主题公园旅游演出是在主题公园内部或周边举行的、以特定主题为中心的演出。这类演出通常以故事情节和角色扮演为核心，结合音乐、舞蹈、特技等元素，创造出一种充满想象和趣味的娱乐体验。主题公园演出的内容多样，既有适合儿童的童话故事表演，也有适合成人的历史题材演出。这类演出的特点是互动性强，观众往往可以参与到演出中，与演员一起完成故事。例如，迪士尼乐园的巡游表演，就是一种典型的主题公园旅游演出，它通过角色扮演和精彩的舞蹈，吸引了大量游客的参与和观看。

剧场表演旅游演出是在专门的剧场内进行的演出。这类演出通常具有较高的艺术性和专业性，涵盖了戏剧、歌剧、芭蕾舞等多种形式。剧场表演的特点是场地的固定性和演出的规范性，它提供了一个相对封闭的空间，使观众能够更加专注演出本身。剧场表演的内容通常较为深刻，涉及广泛的主题，从而满足了不同观众的审美需求。例如，纽约的百老汇和伦敦的西区，都是世界著名的表演剧场，吸引了大量喜爱文化艺术的游客前往观赏。

（二）旅游演艺的特点

旅游演艺作为渗透型融合发展模式的一个重要组成部分，呈现出鲜明的区域性、周期性和季节性特点，如图4-1-2所示，这些特性共同构成了旅游演艺的核心价值和吸引力。

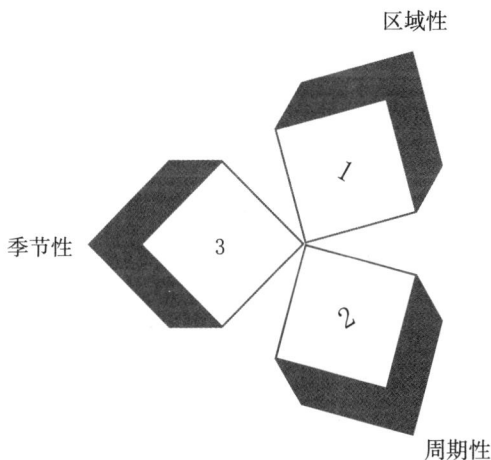

图4-1-2　旅游演艺的特点

1. 区域性

每个地区都有其独特的文化背景和历史传统，这些因素深深影响着当地的旅游演艺内容和形式。例如，中国的京剧和意大利的歌剧，虽然都属于演艺的范畴，但它们各自反映了不同地域的文化特色和审美风格。区域性不仅体现在演艺的类型上，还体现在表演的语言、服装、音乐和舞蹈等方面。区域性使得旅游演艺成为游客深入了解和体验一个地区文化的窗口，也成为推动地方文化传承和发展的重要力量。

2. 周期性

许多旅游演艺活动往往围绕特定的时间节点展开，如节日庆典、纪念日等。这些活动通常具有明确的开始和结束时间，如春节期间的庙会表演、中秋节前后的各种演出。周期性的旅游演艺活动不仅为游客提供了参与和体验的机会，也为当地居民营造了一种节日氛围，增强了社区的凝聚力。此外，周期性活动的预期性和期限性使得它们成为旅游推广和营销的重要手段，有助于吸引游客在特定时期访问该地区，从而促进旅游业的发展。

3. 季节性

不同季节的气候和环境条件对旅游演艺的举办有着直接的影响。例如，夏季的露天音乐节和冬季的室内剧场表演，这些活动往往与季节紧密相关。季节性不仅决定了演艺活动的类型和形式，还影响着游客的参与方式和体验感受。春夏之交的花朝节、秋冬之际的丰收庆典等，这些活动往往融合了季节特色，为游客带来不同的体验。

（三）旅游演艺的作用

旅游演艺不仅是文化和旅游的交汇点，也是现代旅游业发展的重要组成部分。首先，旅游演艺是一种强有力的文化传播方式。通过表演艺术，不同地区的历史、传统和文化得以展现给观众，使观众在享受娱乐的同时，深入了解和体验一个地区的文化底蕴。文化的传播不仅增进了游客对当地文化的理解和尊重，还促进了不同文化之间的交流与融合。其次，旅游演艺在促进旅游业发展方面发挥着重要作用。它为旅游目的地增添了新的吸引力，使得这些地方能够吸引更多的游客。演出活动往往能够带动周边酒店、餐饮、交通等相关产业的发展，从而对当地经济产生积极影响。旅游演艺还能延长游客的停留时间，促进他们在当地的消费，这对旅游目的地来说是非常有利的。最后，旅游演艺有助于提升目的地的品牌形象。一场成功的演出不仅是一次文化展示，也是对旅游目的地品牌的塑造。通过高质量的演艺活动，一个地方可以建立起独特的文化旅游品牌，从而在激烈的旅游市场中脱颖而出。

二、电子竞技

（一）电子竞技的内涵与特点

电子竞技运动是一种基于竞技类电子游戏的新型体育活动，其核心以信息技术为依托，利用先进的软硬件设备进行比赛。在这个领域中，软硬件设备不仅作为比赛的工具，还构建了一个专门的虚拟竞技环境。这种虚拟环境为选手提供了一个数字化的比赛场所，其中包括具体的游戏内容、规则和互动方式。电子竞技运动具有两大特征：电子技术和竞技对抗。"电子"特性体现在整个运动过程依赖信息技术，包括各种软件和硬件。与传统体育运动依靠物理器械不同，电子竞技更强调信息技术的应用，从而定义了其独特性。"竞技"特征突出了体育的核心——对抗性。不同于一般的游戏娱乐，电子竞技作为一个体育项目，注重比赛和竞争。尽管电子竞技包含多种分类和项目，其核心始终是参与者间的竞技对抗，体现了体育竞赛的本质。

（二）电子竞技的意义与价值

电子竞技作为一种新兴的体育竞赛形式，已经迅速崛起，成为全球体育和娱乐行业的重要组成部分。电子竞技不仅是游戏爱好者的聚集地，更是技术、策略和团队合作精神的展现平台。电子竞技的意义与价值主要体现在以下几方面，如图4-1-3所示。

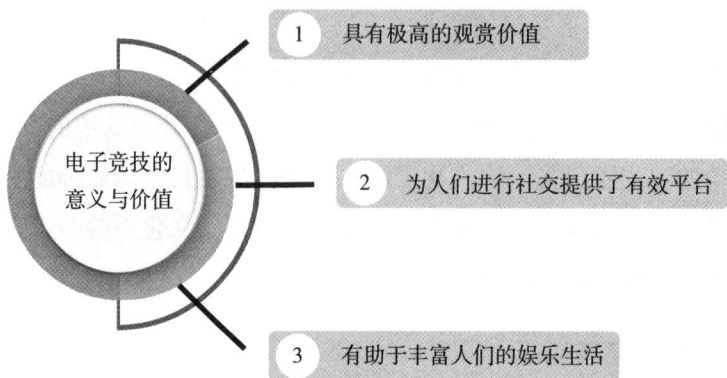

图 4-1-3　电子竞技的意义与价值

1. 电子竞技具有极高的观赏价值

在电子竞技中，选手通过策略运用、技能展示和反应速度等方面的较量，展现了精湛的操作水平，这为观众提供了紧张刺激的观赏体验。同时，电子竞技的多样化游戏内容和丰富的视觉效果使比赛充满了不可预知性和视觉震撼，增强了观赏的趣味性。此外，电子竞技比赛通常伴随着专业的解说和分析，使得观众即便对游戏不熟悉，也能够快速融入比赛的氛围，体会比赛的精彩瞬间。

2. 电子竞技为人们进行社交提供了有效平台

在这个数字化时代，电子竞技不仅仅是一项单纯的竞技活动，它还充当了连接全球玩家和观众的桥梁。通过网络，玩家能够跨越地理和文化的界限，共同参与到这一激动人心的运动中。电子竞技中团队合作的特性，如在多人在线游戏中的协作，促进了玩家之间的相互交流与合作，这不仅增强了游戏的乐趣，也有助于在现实生活中建立持久的友谊和社交网络。

3. 电子竞技有助于丰富人们的娱乐生活

电子竞技作为当代娱乐文化的重要组成部分，显著地丰富了人们的娱乐生活。它通过结合技术创新和互动性游戏元素，为用户提供了一种新型的娱乐体验。在数字化和网络化的时代，电子竞技不是简单的游戏玩耍，而是成为一种生活方式，涵盖游戏竞技、观赏体验、社交互动等多个方面。玩家在游戏中通过策略思考、技能展示和团队合作，享受竞技的快感和成就感，这种参与感和互动性是传统娱乐方式难以比拟的，它使得人们的娱乐生活变得更加丰富多彩。

三、体育传媒

体育媒体是媒体与体育结合的产物，扮演着体育信息传播的关键角色。"媒体"是用来交流、传播信息的工具。媒体本身为传播而存在，而体育的传播功能主要依附于媒体，体育与媒体合二为一则为体育媒体。体育报刊、体育网站、体育电视频道等，都是体育媒体的典型代表。它们通过各自的平台和方式，将体育赛事、新闻、分析以及运动员故事等内容，传递给公众。这不仅为体育爱好者提供了丰富的信息和知识，也为普通观众带来了体育的乐趣和启发。

体育传媒不只是体育信息传播的渠道，更是体育文化传播力和社会影响力形成的重要媒介。一方面，体育传媒作为信息传播的平台，极大地丰富了体育爱好者的体验。通过对各种体育赛事、运动员故事和相关新闻的报道，体育传媒为公众提供了深入了解和接触体育的途径。这种信息的传播不局限于赛事的结果和数据统计，更涵盖了赛事背后的故事、运动员的个人经历和比赛的技术分析等内容。这些内容的多样性和深度，使得观众能够从多个角度理解和欣赏体育赛事，增强了体育的吸引力和观赏价值。另一方面，体育传媒在推广体育文化和价值观方面起着至关重要的作用。通过报道不同种类的体育活动，体育传媒传播了多样化的体育文化，增进了人们对不同体育项目的认识和理解。同时，体育传媒是传播体育精神的重要渠道。奥林匹克精神的"更快、更高、更强"以及体育活动中的公平竞争、团队合作和自我挑战等价值观，都通过体育传媒被广泛传播和接受。

四、冰雪运动

冰雪运动作为一项在寒冷冬季盛行的体育活动，深受广大人民的喜爱。冰雪运动主要在冰面和雪地上进行，包括了滑雪、滑冰、冰球、冰壶等多样化的项目，如图 4-1-4 所示。每一项运动都有其独特的历史背景、技术要求和文化意义。

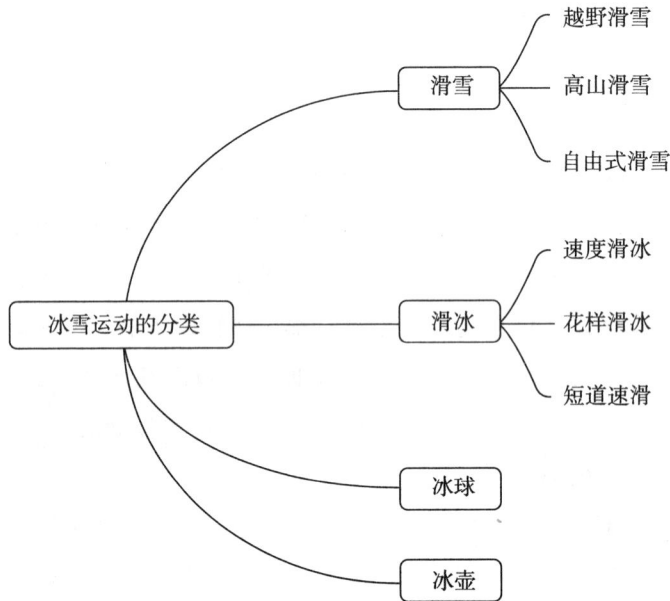

图 4-1-4　冰雪运动的分类

　　滑雪项目可以大致分为越野滑雪、高山滑雪和自由式滑雪等。越野滑雪，又称北欧滑雪，是一种在未经特别处理的自然雪地上进行的滑雪方式。这种滑雪方式强调的是耐力和技巧的结合，运动员需要在雪地上进行长距离的滑行，同时克服各种自然地形带来的挑战。越野滑雪对体力和耐力的要求极高，它不仅可以锻炼运动员的滑雪技巧，更能提高他们的身体素质。高山滑雪，又称阿尔卑斯滑雪，是在专门修建的雪道上进行的滑雪方式。高山滑雪的魅力在于速度与技巧的完美结合，运动员在高速滑行的同时，需要保持极高的平衡和控制能力。这种高速和高技巧性的运动为观众提供了极大的观赏价值，同时给运动员带来了巨大的挑战。自由式滑雪，则是一种更加注重创造性和表现性的滑雪方式。这种滑雪方式通常在特别设计的雪地公园中进行，包括空中技巧、坡面技巧和越野等多种形式。自由式滑雪强调的是运动员的个性和创造力，他们在雪地上通过跳跃、转体和滑行等动作，展示了滑雪运动的艺术性和表现力。

滑冰作为一种历史悠久的冰雪运动，包括速度滑冰、花样滑冰和短道速滑等不同形式。速度滑冰强调运动员的速度和耐力，其比赛通常在长直道的冰道上进行。花样滑冰注重技巧和艺术表现，运动员在冰面上通过旋转、跳跃和步伐的组合展示其技术和艺术性。短道速滑则结合了速度和策略，在较短的赛道上进行，运动员需要在保持速度的同时避免与其他选手的碰撞。滑冰不仅是一项体育运动，更是一种艺术表达形式，它通过运动员的表演，向观众展示了冰上运动的美与激情。

冰球运动以其高速、激烈和团队合作的特点而著称。在一个标准的冰球场地上，两支队伍各有六名运动员，包括一名守门员和五名场上球员。这项运动的目标是控制一个硬质橡胶球，尽可能地将其射入对方的球门，从而得分。冰球运动要求运动员具备极高的滑冰技巧、球技和战术意识，同时需要极强的身体素质和耐力。在比赛过程中，速度和力量的结合、队员间的默契配合以及紧张刺激的对抗，构成了冰球的核心吸引力。此外，冰球运动还蕴含着团队合作和竞技精神，这使得它不仅是一项体育运动，更是一种文化符号。

冰壶运动在一个长方形的冰壶场上进行，目标是将重石投掷到冰道另一端的目标区域内。这项运动强调策略规划、精确控制和团队协作。每支队伍轮流滑投重石，而队友通过扫冰的方式来影响重石的运行轨迹和速度。冰壶运动的魅力在于它对策略和精确度的要求，运动员需要具备极高的判断力和技巧，以确保重石准确地到达预定位置。由于这种精细的技术和策略考量，冰壶常被称为"冰上的国际象棋"，其激烈的智力较量和策略部署，为观众提供了独特的观赏体验。

冰雪运动不只是一种体育活动，更是体育、文化和旅游产业融合的典范，在提供体育竞技和娱乐的同时，展现了深厚的文化底蕴和旅游价值。在冰雪运动中，传统与现代相结合，展示了各地区独特的冰雪文化。滑雪和滑冰不仅是体育竞技的方式，也是表达地区文化特色的手段。冰雪运动的发展也促进了旅游业的繁荣。滑雪度假村、冰雪节庆活动和冬季旅游路线的设立，不仅为游客提供了丰富的娱乐体验，也为当地经济的发展带来了新的动力。游客在享受冰雪运动的乐趣的同时，可以体验到不同地域的历史、文化和自然风光。冰雪运动的普及和发展，更是将体育、文化和旅游紧密地联系在一起，形成了一个相互促进、共同发展的良好局面。通过冰雪运动，人们不仅可以提升身体素质、感受运动的激情，还能深入了解不同文化和自然景观，享受旅行的乐趣。因此，冰雪运动已经成为连接体育、文化和旅游产业的重要纽带，展示了多元融合下的独特魅力和巨大潜力。

第二节　延伸型融合发展模式

文体旅产业融合的延伸发展模式主要体现在原有产业链的功能性业务向下延展和向上拓展。向下延展主要涉及市场拓展，其目的在于扩大消费规模，促进更广泛的消费者接触，从而增加市场份额。这种延展不仅扩大了目标受众，也增强了产品和服务的多样性。相对地，向上的拓展关注于技术研发和开发理念的创新。这种拓展强调在原有基础上加强创新和高端技术的应用，从而提升产品和服务的附加值。产业链的这种延伸赋予了原有产业更多的价值和动力，增加了新的附加值和市场流量，从而提高了整个产业的市场竞争力，形成了新的、更为强大和有韧性的产业体系。体育、文化、旅游产业延伸式融合结果主要有体育文化创意产业、体育旅游主题酒店、特色体育旅游商店、影视主题公园等。

一、体育文化创意产业

（一）对体育文化创意产业的认识

体育文化创意产业是一个将体育、文化和创意融合在一起的综合性产业。它不只包括传统的体育活动和赛事，还融入了文化元素和创意设计，以此来增强体育活动的吸引力和文化价值。这一产业的核心在于创新和多元化，通过创意和技术将体育与文化艺术、媒体传播、休闲娱乐等多个领域相结合，形成了独特的产业链。体育文化创意产业的产生和发展，不仅提升了体育产品和服务的附加值，也为消费者提供了更加丰富多彩的体育体验。此外，体育文化创意产业还在体育文化的普及和传播方面发挥着重要作用。它通过创新的方式将体育与文化艺术相结合，使体育更容易被公众接受和喜爱，从而促进了体育文化的传播和体育产业的发展。

（二）体育文化创意产业的特点

体育文化创意产业作为一个新兴的产业领域，融合了体育、文化和创意三大元素，形成了独特的行业特色。这一产业的特点包括以下几点，如图 4-2-1 所示。

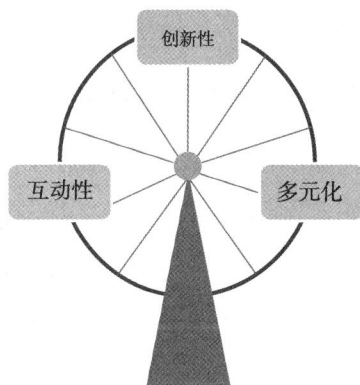

图 4-2-1　体育文化创意产业的特点

1. 创新性

创新性不仅体现在体育文化创意产业的产品和服务的开发上，也体现在市场运作和商业模式上。传统的体育用品通过融入先进的科技和创意设计，变得更加智能和个性化。同时，体育赛事的组织和推广不断采用新技术和新媒体，如 VR 技术的应用、社交媒体的互动营销等，这些创新不仅提升了观众的观赛体验，也为体育品牌创造了更多价值。

2. 多元化

体育文化创意产业不仅涵盖了多种体育活动和项目，还与文化、艺术、教育、娱乐等多个领域相交融。在这个多元化的背景下，体育不再局限于传统的竞技和健身，而是成为一种文化和生活方式。比如，体育与时尚的结合创造了体育时尚产业，体育与旅游的结合则促进了体育旅游业的发展。多元化特征不仅丰富了体育产业的内涵，也满足了消费者日益多样化的需求。

3. 互动性

随着新媒体和社交平台的发展，体育消费者不再是被动的接受者，而是成为互动的参与者。体育消费者不仅在观看体育赛事时能够通过社交媒体进行实时互动，还能通过参与体育活动、体育社区和体育事件的讨论，营造一种新的体育文化氛围。体育文化创意产业的互动性不仅增强了消费者的参与感和归属感，也为体育文化创意产业的发展带来了新的可能。

（三）体育文化创意产业的经济效益

体育文化创意产业可以带来巨大的经济效益。首先，体育文化创意产业通过将体育与文化、创意融合，创造了巨大的市场价值。传统体育产业的经济效益主要来源于比赛的门票销售、广告赞助和转播权收入，而体育文化创意产业则进一步拓展了收入来源。通过创新的产品和服务，如结合高科技的体育装备、具有文化元素的体育纪念品、体育旅游等，不仅增加了体育产品的附加值，也吸引了更广泛的消费者群体。其次，体育文化创意产业的发展促进了相关行业的联动增长。例如，体育赛事的举办促进了旅游业、酒店业、餐饮业等行业的发展，体育明星的商业代言和体育主题的影视作品，又反过来推动了娱乐和广告行业的发展。这种跨行业的协同效应不仅加快了体育文化创意产业本身的发展，也为整个经济体带来了正面的影响。最后，体育文化创意产业推动了就业市场的发展。这一产业不仅需要大量的体育专业人才，如运动员、教练和裁判，也需要文化和创意方面的专业人才，如设计师、市场营销专家和活动策划人员。这一产业不断发展和壮大，为社会创造了大量的就业机会。

二、体育旅游主题酒店

（一）对体育旅游主题酒店的认识

体育旅游主题酒店将体育元素与酒店业务相结合，提供了独特的住宿和体育体验。体育旅游主题酒店在建筑和内部装饰上融入了浓厚的体育元素。它们可能采用类似体育馆的建筑风格，或在内部装饰上使用体育元素，如运动器材、体育明星画像、历史著名比赛照片等。这样的环境设计不仅为住客提供了视觉上的享受，也营造了浓郁的体育文化氛围。体育旅游主题酒店在服务项目上也体现了体育特色。这类酒店通常提供各种体育场地，如健身房、游泳池、高尔夫球场甚至滑雪场等，满足客人在旅行期间的运动需求。此外，一些酒店还会组织体育赛事观看活动，或提供体育比赛的直播服务，让住客即使在旅途中也能感受到体育赛事的激情。体育旅游主题酒店不仅满足了普通住宿需求，还为体育爱好者提供了一种特殊的体验方式。在这些酒店中，住客不仅能够休息放松，还能参与到各种体育活动中，体验体育带来的乐趣和挑战。对于家庭旅游者，体育旅游主题酒店也为其提供了亲子互动的良好平台，增强了家庭成员间的交流和互动。

（二）体育旅游主题酒店的特点

体育旅游主题酒店的特点主要体现在以下几方面。

1. 文化性

体育旅游主题酒店通常围绕特定的体育项目，如足球、篮球、高尔夫等，或者是体育历史和文化，来设计酒店的主题和内部装饰。墙面上挂着的运动明星画像、展示柜中摆放的历史性体育纪念品以及体育题材的艺术作品，都在无声地讲述着体育的故事。此外，酒店的公共空间、客房甚至餐饮服务也充满了体育元素，如运动场地样式的游泳池、篮球场地样式的儿童游乐区等。这些文化元素不仅为游客提供了视觉上的享受，也让他们在住宿期间能深入体验体育文化的魅力。

2. 个性化

传统酒店多注重于提供舒适的住宿环境和基本的餐饮服务，而体育旅游主题酒店则更加注重于为客人提供独特的体育体验和个性化服务。一些酒店可能设有模拟高尔夫球场、篮球训练营或滑雪体验区，使客人能够在住宿期间参与到喜爱的体育活动中。

3. 体验性

在体育旅游主题酒店，游客不仅能观看体育赛事，更能亲身参与到运动中。例如，在一个以足球为主题的酒店里，游客不仅可以在足球场地上进行比赛，还能在酒店内参与足球主题的互动游戏和训练课程。对于孩子和家庭而言，这种体验性活动不仅增进了亲子间的互动，也能让他们在玩乐中了解和学习体育文化。此外，体育旅游主题酒店还通过组织比赛观看派对、体育知识讲座等活动，增强了游客的参与感和体验感。

（三）体育旅游主题酒店的案例

体育旅游主题酒店以其独特的运动主题和综合体验吸引了广泛关注，其中花都国王酒店和曼联足球主题酒店是两个非常典型的例子。花都国王酒店，以高尔夫为主题，其内部设计和装饰都围绕这一运动主题展开。最引人注目的是酒店内设立的高尔夫博物馆，这里收藏了丰富的高尔夫历史文物和纪念品，为游客提供了深入了解高尔夫运动历史和文化的机会。酒店的设计风格、装饰元素也都与高尔夫息息相关，无论是房间的布局还是公共区域的设计，都充满了高尔夫的元素。对于高尔夫爱好者来说，花都国王酒店不仅是一个住宿的地方，更是一个体验高尔夫文化和历史的绝佳场所。曼联足球主题酒店是足球爱好者的天堂。酒店的设计灵感来源于著名的曼联足球俱乐部，酒店内的每一个角落都透露着浓厚的足球氛围。最具特色的是酒店内的五人制足球场，提供给住客亲身体验足球运动的机会。不仅如此，足球主题咖啡馆和其他娱乐设施也都与足球紧密相关，使得住客在享受服务的同时，感受到足球带来的激情和快乐。酒店内的装饰、艺术品以及相关的活动安排，都以足球为中心，为游客提供了一个沉浸式的足球文化体验。这两种类型的体育旅游主题酒店展示了体育旅游产业的创新与发展。通过将特定的体育主题融入酒店的设计、服务和体验中，这些酒店不仅提供了住宿服务，更为游客创造了独特的文化体验和休闲方式，展示了体育和旅游业结合的巨大潜力，为旅游业带来了新的发展方向。

三、特色体育旅游商店

作为一种新兴的零售模式，特色体育旅游商店通常结合了体育、旅游和购物的元素，为顾客提供了独特的购物体验。在产品供应方面，特色体育旅游商店提供的不只是传统的体育用品，如运动服饰、器材和鞋类等，更包括了与特定体育项目或地区文化相关的商品。例如，位于滑雪胜地的商店可能出售专业的滑雪装备、当地特色的滑雪纪念品和保暖服饰等。在沿海地区的商店，主要出售浮潜装备、沙滩游戏用品和当地特色海滨商品。商品的多样性不仅满足了游客在旅行中的实际需求，也提供了带有地方特色的纪念品。除了商品的售卖外，特色体育旅游商店还提供了丰富的互动体验。许多商店内设有体验区，顾客可以在这里试用部分体育用品，如在模拟器上体验高尔夫挥杆或者在小型场地上试穿运动鞋并进行简单的运动。这些互动体验不仅增加了顾客的购物乐趣，也增强了商品的吸引力。

特色体育旅游商店作为地区经济的活力源泉，对促进当地经济发展具有重要作用。通过销售与当地体育相关的商品，这类商店不仅为游客提供了购物的便利，还创造了就业机会，推动了当地的经济活动。特色体育旅游商店在文化传播和体育推广方面也发挥着重要作用。这些商店通常充满了浓郁的体育文化氛围，通过展示和销售与体育相关的产品和纪念品，为游客提供了深入了解当地体育文化的机会。

四、影视主题公园

（一）影视主题公园的概念

影视主题公园，即不以影视拍摄功能为主，而是利用影视拍摄场景、道具、服饰及片段作为主要资源，将影视文化和娱乐体验相结合，吸引广大影视作品的粉丝和游客前来体验。影视主题公园中还经常设有以电影或电视剧为主题的餐饮店、纪念品商店等，提供与影视作品相关的产品和服务，不仅为游客提供了休息和购物的场所，也进一步丰富了他们的游览体验。

（二）影视主题公园的分类

影视主题公园作为一种独特的旅游和娱乐目的地，根据其特色和提供的体验可以被划分为不同的类型。按照娱乐方式划分，影视主题公园可以分为观光型、体验型及兼具观光和体验功能的类型。观光型影视主题公园更注重为游客提供观赏影视拍摄地和经典场景的机会。这类公园通常有完善的导览系统，让游客可以在参观过程中了解到影视作品的拍摄背后故事。例如，横店影视城就提供了大量的影视拍摄场地供游客参观，让游客能够近距离感受电影的魅力。体验型影视主题公园更注重提供互动体验。在这类公园中，游客不仅能观赏到影视场景，还能参与到影视制作的相关活动中。例如，游客可能有机会穿上影视剧中的服装，参与简单的表演，或是在专业人士的指导下体验影视拍摄的过程。兼具观光和体验功能的影视主题公园则结合了以上两种类型公园的特点。这类公园不仅提供了丰富的观赏内容，还设计了多种互动体验活动，既满足了游客的观赏需求，又提高了参与感和体验感。例如，无锡影视城就提供了观光和体验相结合的娱乐方式，游客可以在参观历史影视剧的拍摄场景的同时，参与到角色扮演等互动活动中。

（三）影视主题公园的成功要素

国内外影视主题公园的成功展示了这一行业的巨大潜力和吸引力。这些案例共同证明了影视主题公园发展中必不可少的要素，如图4-2-2所示。第一，准确的主题定位。一个明确和独特的主题不仅能吸引特定的目标群体，还能在竞争激烈的旅游市场中凸显其特色。成功的影视主题公园通常会选择具有广泛知名度和深厚文化底蕴的影视作品作为主题，如迪士尼乐园的经典动画角色、环球影城的热门电影系列等。这些主题不仅具有较高的品牌识别度，还能够激发游客的情感共鸣，提高他们的参与度和兴趣。第二，优越的区位条件。理想的地理位置能够保证较高的客流量和便利的交通条件，这是吸引游客的重要因素之一。许多成功的影视主题公园都位于城市郊区或者旅游热门地区，便于游客到达和游览。第三，富有吸引力和市场竞争力的产品。这不仅包括公园内的游乐设施、表演和活动，也涉及整体的游览体验和服务质量。成功的影视主题公园会根据其主题提供独特的娱乐项目，如主题过山车、模拟体验项目、特色表演等，这些都是公园吸引游客的重要内容。同时，优质的服务、良好的游览环境和完善的配套设施是提升游客满意度和回头率的关键因素。第四，科学的管理和经营。有效的管理体系可以确保影视主题公园的日常运作高效顺畅，包括人员管理、财务管理、市场营销、客户服务等各个方面。同时，合理的经营策略，如定期更新景点内容、推出季节性活动、与其他品牌的合作等，都有助于保持影视主题公园的新鲜感和市场竞争力。在激烈的市场竞争中，只有不断创新和改进，才能保持吸引力和市场地位。

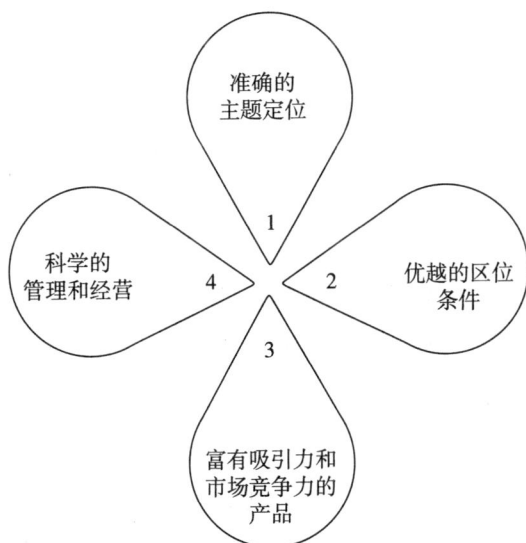

图 4-2-2　影视主题公园的成功要素

第三节 重组型融合发展模式

体育产业、文化产业与旅游产业的重组型融合模式，源于对各种部分价值链分解后进行的融合。该模式的核心在于解构各产业的价值链，从中挑选出最具核心价值的部分，然后将这些部分重新组合，形成一个全新的、创新性的经济实体。由此，三个产业的优势被充分利用和整合，创造出一个区别于原有产业的新型融合产业。重组融合发展模式多出现于有紧密联系的产业，通过重组形成新的产业形态、生产新产品或新服务。通过重组的形式可以同时完成两种或多种产业性质的经济活动。体育与农旅文产业的重组融合主要有观赛型旅游、参赛型旅游、会展旅游等模式。

一、观赛型旅游

（一）观赛型旅游的内涵与分类

观赛型旅游是指游客为了观看各类体育赛事而进行的旅游活动。根据体育赛事的性质和规模，观赛型旅游可以划分为以下几种类型。

一是国际大型赛事，如奥运会、世界杯足球赛、NBA 总决赛，吸引着来自全球各地的游客。这类赛事通常具有极高的知名度和影响力，赛事本身以及与之相关的各种庆典活动，成为吸引游客的重要因素。除了比赛本身，游客还可以体验到赛事举办城市的文化和风情，参与丰富多彩的旅游活动。例如，奥运会期间，除了各项体育赛事外，还有文化展览、音乐会和各种庆典活动，为游客提供了一场文化与体育的盛宴。

二是国内赛事或地区性赛事，这类赛事通常规模较小，但更具有地方特色。例如，各国的国家联赛、地方性的体育节等。这类赛事虽然知名度较国际大赛略低，但它们更能展现当地的体育文化和特色，为游客提供更加贴近本地生活的体育观赏体验。在这些赛事中，游客不仅能观看比赛，还可以深入了解当地的体育传统和文化背景。

（二）观赛型旅游的特点

观赛型旅游的核心是围绕着观看各类体育赛事展开。与传统的观光旅游相比，观赛型旅游更加专注于体育赛事的观看体验。游客选择这种旅游方式，主要是为了亲眼见证体育比赛的激烈场面和体验现场的氛围。观赛型旅游的特点主要包括以下几点，如图 4-3-1 所示。

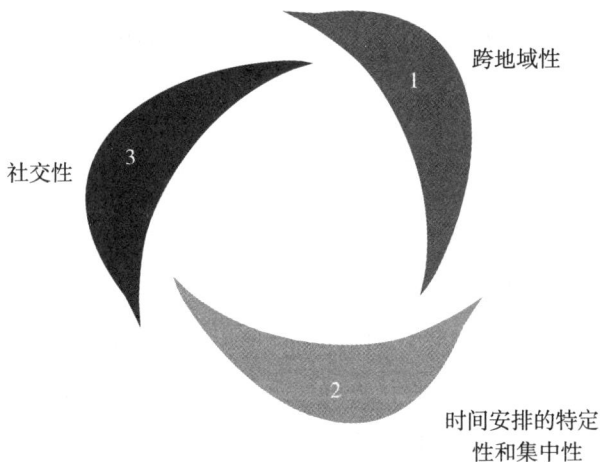

图 4-3-1　观赛型旅游的特点

1. 跨地域性

与一般旅游活动不同，观赛型旅游的主要吸引力在于体育赛事，因此其目的地通常是赛事所在的城市或地区。这种旅游方式为热爱体育的游客提供了一个独特的机会，让他们能够亲身到达赛事现场，感受激烈竞技的氛围和现场的热情。跨地域旅行的特性使得观赛型旅游不局限于观看比赛本身，它还为游客提供了探索新地域的机会。在前往观看比赛的同时，游客可以体验不同城市或地区的文化特色，了解当地的历史背景，品尝当地的美食，甚至参与当地的节庆活动。这种文化和体育的结合，不仅丰富了游客的旅游体验，也增强了旅游活动的多样性。

2. 时间安排的特定性和集中性

由于体育赛事通常有明确的时间表和赛程安排，观赛型旅游的整个行程需要围绕着这些赛事日期来规划。游客在计划旅行时必须考虑到赛事的具体日期，以确保能够在比赛期间到达并参与。这通常意味着游客需要提前进行大量的规划和预订工作，包括预订机票、酒店住宿以及赛事门票等。时间安排上的特定性和集中性使得观赛型旅游与普通旅游相比具有更高的复杂性和挑战性。游客需要在赛事时间表的约束下，精心规划自己的行程，同时要考虑到赛事期间可能出现的高需求和资源紧张的情况。因此，观赛型旅游不仅为游客提供了观看喜爱运动的机会，同时要求他们进行更为周密的旅行计划和准备。

3. 社交性

体育赛事的现场不仅是运动员竞技的平台，更成了游客之间社交和交流的热土。在这样的环境中，游客们不只是被动地观看比赛，还有机会与来自世界各地的其他游客进行互动和交流。他们可以分享对体育的热爱、讨论比赛的精彩瞬间，甚至在对运动员和球队的支持中建立起友谊。这种交流跨越了文化和语言的界限，为游客提供了一种独特的社交体验。在体育赛事的氛围中，人们更容易打破陌生感，因为共同的兴趣和激情成了他们之间交流的桥梁。这种现象在国际大型赛事中尤为明显，如世界杯足球赛或奥运会，这类赛事不仅汇集了世界各地的粉丝，也成为文化交流的聚点。

（三）观赛型旅游的意义和作用

观赛型旅游的意义和作用是多方面的，它不仅丰富了旅游业的内容，推动了经济发展，促进了文化交流，还为个人提供了独特的体验和自我提升的机会。

首先，观赛型旅游作为体育和旅游的结合，极大地丰富了旅游业的内容。它打破了传统旅游的框架，将观看体育赛事这一活动与旅行相结合，为游客提供了新的旅游动机和目的。这种旅游方式不仅吸引了体育迷，也吸引了那些寻求新鲜体验和喜爱非传统旅游的人们。通过观赛型旅游，游客不仅能观赏到激动人心的体育赛事，还能体验到与赛事相关的文化和活动，从而获得更加丰富和深入的旅游体验。其次，观赛型旅游对于推动当地经济发展具有显著作用。体育赛事的举办往往能吸引大量外地游客，这不仅增加了旅游收入，还带动了当地酒店、餐饮、交通和零售等相关行业的发展。特别是一些大型国际赛事，如奥运会、世界杯等，它们的举办对于举办城市的经济影响尤为显著。此外，赛事的举办还能提升城市的国际形象，吸引更多的国际游客和投资，从而对城市的长期发展产生积极影响。

再次，观赛型旅游有助于促进文化交流。体育赛事本身就是一种跨文化的活动，它不仅展示了体育的魅力，还促进了不同文化之间的交流。在观赛的过程中，来自不同国家和地区的游客有机会相互交流，分享对于体育的热爱和对于文化的看法，这种交流有助于增进游客对不同文化的理解和尊重。最后，对于个人来说，观赛型旅游是一种独特的自我提升和体验的机会。对于体育迷来说，亲眼观看心爱运动的比赛是一种难忘的经历；而对于其他游客来说，这是一种新的旅游体验，可以拓宽视野，增加知识和丰富体验。同时，观赛型旅游能促进个人健康和幸福感，通过旅行和观赛的过程，人们可以放松身心，享受生活。

二、参赛型旅游

（一）参赛型旅游的类型

参赛型旅游指的是游客为了参加体育赛事或活动而进行的旅游。这类旅游适合那些热爱体育并希望亲自参与竞技的游客。参赛型旅游的主要类型包括以下几点，如图 4-3-2 所示。

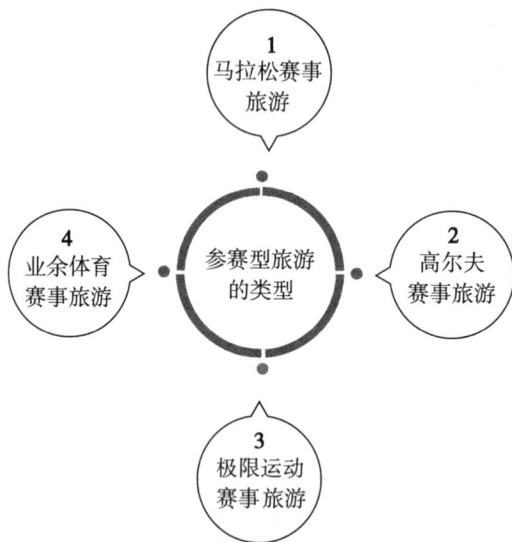

图 4-3-2　参赛型旅游的类型

1. 马拉松赛事旅游

马拉松赛事旅游结合了跑步和旅行的双重体验。参与者通常为了参加各地的马拉松赛事而前往不同的城市或国家，不仅有机会体验不同的赛道和环境，还能探索新的文化和风土人情。著名的马拉松赛事，如大连国际马拉松、波士顿马拉松、柏林马拉松、纽约马拉松，每年都吸引成千上万的跑步爱好者参与。马拉松赛事旅游不仅是一种体育竞技体验，还是一种文化和社交活动。参赛者在赛事中不仅挑战自我，还有机会与来自世界各地的跑友交流，分享跑步经验和旅行故事。对于许多跑步爱好者而言，参加不同城市的马拉松赛事已经成了一种独特的旅游方式，让他们在体育竞技的同时，享受旅行的乐趣和成就感。

2. 高尔夫赛事旅游

高尔夫赛事旅游让参与者有机会在世界各地的著名高尔夫球场中挥杆，体验不同地区的球场，接受不同的挑战。高尔夫赛事旅游不仅限于参加正式的高尔夫比赛，也包括参与各种业余赛事、高尔夫训练营和友谊赛。高尔夫赛事旅游的特点在于它提供了一种高端的休闲体验。在参与比赛或练习的同时，游客能享受到高尔夫度假村的优质服务，包括豪华的住宿、精致的餐饮以及其他休闲娱乐设施。对于高尔夫爱好者而言，这种旅游方式不仅是一种体育活动，更是一种社交和文化体验的机会。在赛场上，他们可以与来自世界各地的高尔夫球手交流技巧，分享经验；在球场之外，他们还能体验当地的文化和生活方式。因此，高尔夫赛事旅游不仅满足了游客对高尔夫运动的热爱，也提升了他们的生活品质和旅游体验。

3. 极限运动赛事旅游

极限运动赛事旅游是一种充满刺激和挑战的旅游方式，吸引着寻求刺激和冒险体验的游客。这种旅游方式通常涉及各种极限运动项目，如滑翔伞飞行、攀岩、潜水、山地自行车、滑雪、冲浪等。参与者为了体验这些高度刺激和技巧性的运动而前往全球各地的特定目的地。在参加极限运动的过程中，游客不仅能够感受到肾上腺素的激增和挑战自我的快感，还能接触到不同的自然景观和文化背景。例如，在攀岩时可以近距离接触壮丽的山岳景观，在潜水时则能探索神秘的海底世界。极限运动赛事旅游具有很高的社交价值。在这种旅游中，参与者往往会遇到来自世界各地、有着相同兴趣和热情的人。参与者在共同的运动和冒险中建立友谊，分享经验和故事。这种体验不仅丰富了他们的旅行体验，也拓宽了他们的社交圈子。

4. 业余体育赛事旅游

业余体育赛事旅游是指个人或团体出于业余爱好，参加各类非职业体育赛事的旅游活动。业余体育赛事旅游包括多种体育项目，如足球、篮球、排球、羽毛球、乒乓球等，活动范围从地方性小型比赛到国际性业余赛事。业余体育赛事旅游对提升个人体育技能、促进身心健康以及增强社会交往都有积极作用。业余体育赛事旅游使参与者能够在日常生活之外找到新的兴趣和挑战，同时探索新的目的地，体验不同的生活方式。对于一些人来说，参加业余体育赛事旅游已经成了一种生活方式的体现，表达了他们对运动的热爱和对生活多样性的追求。

（二）参赛型旅游的特点

参赛型旅游的一个显著特点是它的目标群体非常明确，即那些热衷于参与各类体育活动的个人或团体。与传统观光旅游相比，参赛型旅游更加注重特定体育活动的参与体验，这些活动可以是马拉松、铁人三项、自行车赛、游泳比赛、高尔夫赛事等。参与者的旅游动机不仅仅是观赏或休闲，更多是为了体验竞技的快感、挑战自我、提升技能或参与团队合作。另外，参赛型旅游的地点选择通常与体育赛事的举办地紧密相关。不同的体育赛事可能在不同的城市甚至不同的国家举办，这样一来，参赛型旅游就为参与者提供了探索新地方、体验不同文化的机会。参赛型旅游方式可以将赛事举办地的自然景观、文化特色和社会风貌与体育活动结合起来，为参与者提供一种全面的体验。

（三）参赛型旅游的意义

参赛型旅游作为现代旅游业的一个重要分支，其重要意义远不止于为旅游市场带来新的增长点。在个人层面上，参赛型旅游提供了一个结合旅行与体育竞技的独特体验。对于参与者而言，它是一种追求体育成就、提升自我的途径。通过参加不同地点的体育赛事，游客不仅能在新的环境中测试和提升自己的运动技能，还能通过这一过程增强自信心、毅力和自我管理能力。这种体验对于个人的身心健康非常有益，特别是在当今快节奏、高压力的生活环境中，它为人们提供了一种健康、积极的生活方式。在社会层面上，参赛型旅游促进了社区的发展和团结。当地区或城市举办体育赛事时，通常需要社区的积极参与和支持。这种参与不仅体现在提供必要的设施和服务上，如场地、住宿、交通等，还包括组织和志愿服务方面的协助。社区成员在参与赛事的筹备和进行过程中，能够增强彼此间的联系和合作，共同为确保赛事的成功举办而努力。这样的共同经历不仅增强了社区内部的凝聚力，还有助于塑造社区的积极形象，提升其对外的吸引力。此外，体育赛事本身就是一种集体经历，无论是参赛者还是观众，都在这个过程中共同体验着比赛的紧张、激动和欢乐的情绪。这种集体体验对于建立社区的身份感和归属感至关重要。社区成员在赛事中的共同参与和支持，不仅加强了他们对社区的认同感，还有助于建立更加和谐、团结的社会氛围。

三、会展旅游

（一）会展旅游的定义

会展旅游是指围绕体育会议、展览和论坛等活动开展的旅游。会展旅游有广义和狭义之分。会展旅游作为一种特定的旅游形式，广义上包含了各种以工作为目的的旅游活动，如会议旅游和展览旅游，甚至包括奖励旅游等。这些旅游活动主要是围绕特定的商业或专业目的进行的，如参加会议、展览或颁奖典礼等。在狭义上，会展旅游更加专注于为会议和展览活动提供必要的服务，这些服务不限于展会场馆本身，还包括与旅游业相关的各种服务，如住宿、交通、娱乐等。这种旅游形式的核心在于通过提供这些服务获取经济利益，同时为参与者创造便捷和高效的体验。

（二）会展旅游的特点

会展旅游的特点主要体现在以下几方面，如图4-3-3所示。

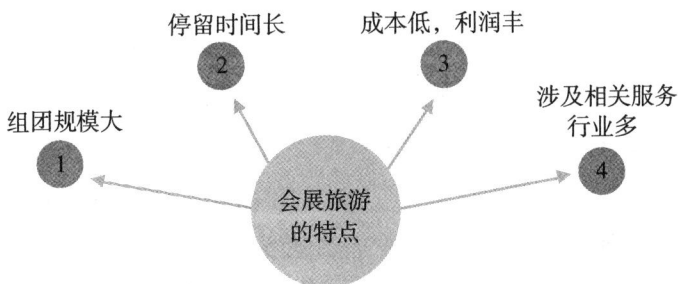

图4-3-3　会展旅游的特点

1. 组团规模大

会展旅游的一个显著特点是组团规模大。这一特点源于会展旅游活动本身的性质——通常围绕着各种商业、学术或行业会议以及展览活动，这些活动往往吸引了来自不同地区、不同行业的大量参与者。比如，国际性的贸易展览会或全球学术会议，这些活动的参与者可能来自世界各地，人数可达数千甚至数万。因此，组织这样的旅游团体需要更专业化的协调和管理。大规模的会展旅游对目的地的旅游资源和基础设施也提出了较高的要求。举办地需要有足够的酒店房间、会议设施、交通服务以及其他娱乐和休闲设施来满足大量游客的需求。

2. 停留时间长

因为会展活动通常包含一系列的议程，如研讨会、工作坊、展览和网络活动等，这些活动往往需要几天甚至一周的时间来完成。因此，与一般的观光旅游相比，会展旅游的参与者往往需要在目的地停留更长时间。较长的停留时间对旅游目的地产生了显著的经济影响。一方面，参与者将在住宿、餐饮、交通和娱乐等方面产生更多消费。这不仅为当地的旅游业提供了稳定的收入来源，也促进了相关行业的发展，如酒店业、餐饮业、零售业等。另一方面，较长的停留时间还为参与者提供了深入了解和体验当地文化和生活的机会。这不仅增加了他们在目的地的消费，也提高了目的地的品牌价值和吸引力。

3. 成本低，利润丰

由于会展旅游通常涉及大量的参与者，这种规模效应使得旅游服务提供商能够降低单位成本。例如，酒店、交通公司和餐饮服务提供商可以通过大规模的预订来分散成本。同时，由于会展活动通常会事先计划好且有固定的日程，这使得服务提供商可以提前准备并优化资源分配，从而进一步降低成本。会展旅游还能带来附加的经济效益。由于参与者通常会在会议或展览之余进行观光或购物，这为当地的零售业和其他休闲娱乐服务带来了额外的收入。而且，成功的会展活动往往能够提升目的地的品牌价值，带来更多未来的旅游和商业活动机会，从而在长期内促进当地经济的增长。

4. 涉及相关服务行业多

会展旅游由于其独特性，涉及的相关服务行业众多。从会议、展览的筹备到实际举办，再到参与者的接待和服务，每一个环节都涵盖了广泛的服务领域。首先，组织会议和展览需要专业的会展服务，包括会场的布置、设备的安装、展览的设计等。这些服务要求高度的专业性和精细化管理。其次，参与者的接待和住宿涉及酒店业，这要求提供不同档次的住宿服务以满足不同需求的客户。再次，餐饮服务也是会展旅游中重要的一环，不仅要提供大量的餐饮选择以服务不同国家和地区的参与者，还需要考虑会议或展览期间的餐饮安排。最后，会展旅游还经常涉及其他服务行业，如翻译服务、旅游咨询、购物和娱乐等。这些服务不仅为会展旅游增加了附加值，也提高了参与者的满意度和体验感。

（三）会展旅游的作用

由于会展旅游往往规模较大，通常会吸引政府、民间组织以及各类商务团体的参与。会展旅游活动由于规模大、会议规格高，参会人员多为消费能力较强的商务客人和文化素质较高的专业人士，他们的消费水平和规模远超一般旅游者。大型或知名的展会不仅为本地旅游业带来显著的经济效益，还对酒店业、旅行社、景区、旅游交通和购物等产业起到促进和带动作用。这种经济效益的提升是由会展带来的高消费和大量客流所驱动的。同时，会展的举办能提升旅游目的地的吸引力，使得一般旅游团队或个人旅游者在参与普通旅游活动的同时，能体验到会展带来的独特魅力和氛围。

会展旅游不受气候和季节的影响，有效地克服了传统观光旅游受季节限制的缺陷。大多数会展活动被安排在城市的旅游淡季，这种安排不仅平衡了城市全年的旅游需求，还提高了城市旅游设施和服务的整体使用率。此外，会展活动提供了一个展示旅游资源和旅游产品的绝佳平台，有利于提升城市的功能性和知名度。

第四节　线上线下融合发展模式

在体育、文化与旅游产业融合中，线上线下融合发展模式主要是有效地将线上的数字技术与线下的实体体验相结合，以创造更丰富、更便捷、更个性化的体验。线下模式主要指的是传统的实体活动和体验。在体育领域，包括体育赛事、健身中心和体育培训；在文化领域，包括博物馆、艺术展览、剧院表演；在旅游产业领域，则包括旅游景点、主题公园、导览服务等。线下体验的优势在于其提供了真实的、互动的和身临其境的体验，这是线上模式难以完全替代的。线上模式则利用互联网技术，提供虚拟体验、信息共享和在线服务。在体育领域，可能体现为在线健身课程、虚拟赛事直播；在文化方面，可体现为数字博物馆、在线艺术展览；旅游产业方面则通过在线预订服务、虚拟旅游体验等形式呈现。线上模式的优势在于便捷性、可访问性和信息量大，它能够打破地理和时间限制，让更多人参与其中。线上线下融合模式是将线上和线下的优势结合起来，创造更全面的体验。本节主要围绕线上线下融合发展模式进行论述。

一、"线上线下"宣传联动

"线上线下"宣传联动是数字化时代下的市场营销新模式，线上的互联网平台和线下的实体活动相互配合，共同推动体育、文化和旅游产业的发展。在数字时代，消费者的注意力被分散到各种媒介和平台上，因此，单一的线上或线下宣传已不足以有效覆盖全体目标受众。线上线下联动宣传方式，可以更全面地触及不同渠道的受众，实现信息的最大化传播和品牌影响力的扩大。线上宣传在文体旅产业中扮演着至关重要的角色，特别是利用社交媒体、搜索引擎、在线广告等工具的策略。这些工具以其快速、广泛的特点成了提升活动或产品知名度的关键。以社交媒体为例，平台如微博、微信，因其巨大的用户基础和强大的社交网络特性，成为信息传播的高效渠道。当体育赛事、文化活动或旅游目的地等信息通过这些平台发布时，这些内容能够迅速分享和扩散，达到病毒式传播的效果。用户不仅能够及时获得活动信息，还能通过点赞、评论和转发等互动方式参与其中，增强了信息的吸引力和参与度。此外，搜索引擎和在线广告也是线上宣传的重要工具。通过搜索引擎优化和搜索引擎营销，可以确保当用户搜索相关关键词时，能够快速找到相关活动或产品信息。

二、文旅数字体验馆

在全球数字化和信息技术迅速发展的背景下，文旅数字体验馆不仅重新定义了传统文化和旅游体验，也为体育活动提供了新的展示和互动平台。文旅数字体验馆通常指的是运用数字技术，如虚拟现实、增强现实、3D 投影等手段，来创造一个沉浸式的文化和旅游体验空间，使得观众能够跨越时间和空间的限制，以全新的方式观赏文化遗产、艺术作品和旅游景点。

在文化领域，数字体验馆可以复原历史场景，使观众能够身临其境般地感受历史文化。例如，观众可以通过虚拟现实技术"走进"古代的宫殿，或者"参观"已经毁坏或失去的文化遗址。通过这种方式，文化遗产得以以一种全新的、互动的形式被保存和展示，同时发挥了教育和娱乐的双重作用。

在旅游领域，数字体验馆能够提供虚拟的旅游体验，特别是对那些难以亲身到达的地方。游客可以在数字体验馆中"游览"遥远的国家、自然奇观或深海、太空等极端环境。这不仅为无法亲自旅行的人提供了探索世界的机会，也为有志于实际旅行的游客提供了前期的探索和规划工具。对于体育领域，数字体验馆可以展示体育赛事的历史，或者提供虚拟的体育比赛体验。观众可以通过互动展览深入了解他们喜爱的运动项目的历史和文化，或者通过模拟游戏亲身"体验"体育比赛。

在运营和管理方面，文旅数字体验馆需要不断更新内容和技术，以保持其吸引力和竞争力。这不仅要求体验馆能够紧跟科技发展的步伐，还要求其内容设计具有足够的创新性和教育性。同时，为了吸引更广泛的观众群体，体验馆需要设计多样化的展览和活动，满足不同年龄、兴趣和文化背景的观众需求。在市场推广方面，文旅数字体验馆可以通过与教育机构、旅游机构以及体育组织的合作，扩大其受众基础和影响范围。通过这些合作，体验馆不仅可以提高其曝光率，还可以通过合作伙伴的资源和专业知识，进一步提升其展览内容的质量和吸引力。

三、移动应用导览服务

随着智能手机和移动互联网技术的普及以及人们对个性化、便捷服务需求的增加，移动应用导览服务在体育、文化、旅游产业的融合中扮演着越来越重要的角色，不仅提升了用户体验，还推动了传统产业与新兴技术的融合，促进了整个行业的创新和发展。

在体育领域，移动应用可以提供比赛实时信息、选手资料、比赛分析等，为观众提供更加丰富和深入的赛事体验。在文化领域，移动应用导览服务可以为用户提供展览信息公开、艺术品解读、互动游戏等服务，使得文化体验更加生动和个性化。在旅游领域，移动应用导览服务可以提供旅游路线规划、景点介绍、在线订票等功能，极大地提升了旅游的便捷性和效率。在实现这些服务的过程中，移动应用导览服务依托先进的技术，如定位技术、增强现实、虚拟现实。这些技术的应用使得导览服务不仅限于传统的信息展示，还能提供互动体验，如通过 AR 技术将虚拟信息叠加在真实世界中，或者通过 VR 技术提供虚拟旅游体验。而移动应用导览服务在产业融合中也面临着挑战。首先，是保持内容的质量和更新频率。高质量的内容是吸引和保留用户的关键，这要求服务提供商投入相应的资源进行内容的采集、编辑和更新。其次，用户界面的友好性和易用性也至关重要。一个直观易用的界面可以极大优化用户体验，提高用户的使用频率和黏性。再者，隐私和数据安全是不容忽视的问题，尤其是在使用用户位置信息和个人数据的情况下，如何保护用户隐私和数据安全是服务提供商必须面对的问题。

四、互动式直播活动

互动式直播活动不仅改变了人们观看体育赛事、文化活动和旅游景点的方式，还为这些领域的融合发展带来了新的机遇。从文化角度看，互动式直播为传统文化的传播和现代文化的表达提供了新的平台。借助这种直播形式，文化艺术机构可以向全球观众展示各种文化活动和艺术表演。更重要的是，观众可以通过直播平台与表演者进行实时互动，如提问、参与在线讨论，甚至参与表演决策，这使得文化体验变得更加生动和个性化。在体育领域，互动式直播活动同样显示出巨大的潜力。通过这种方式，体育赛事可以吸引更多的在线观众，尤其是那些无法亲临现场的粉丝。互动式直播使得观众可以参与到比赛中，如通过在线投票决定比赛的某些方面，或者与其他观众及评论员进行实时讨论。这不仅提高了比赛的观赏性，也增强了粉丝的忠诚度。旅游领域通过互动式直播找到了一种新的表达方式。在当前全球旅游受限的情况下，互动式直播成了一个重要的替代方案。旅游机构和导游可以通过直播带领观众进行虚拟旅游，观众可以通过直播平台实时提问，获取定制化的旅游信息和体验。例如，直播导游可以根据在线观众的兴趣和要求，调整他们的路线和解说内容，从而提供更加个性化和互动性强的旅游体验。这不仅使观众在家就能感受到旅行的乐趣，也为旅游业在各种特殊情况下提供了新的生存和发展途径。

五、在线培训课程

在线培训课程是信息技术与教育培训相结合的产物，它通过网络平台提供学习资源，打破了地理和时间的限制，使得学习更加灵活和便捷。在文体旅融合的背景下，这种在线课程可以提供多种内容，如文化艺术教育、体育训练、旅游知识讲解等，满足不同用户的学习需求。线上培训课程作为一种新兴的服务模式，对文体旅融合产业有以下几方面的重要影响和贡献。第一，在线课程可以将文化、体育和旅游领域的专业知识与技能，以数字化的方式传递给更广泛的受众。例如，提供地方特色文化的在线课程，不仅促进了文化的传播，也为旅游爱好者提供了深入了解目的地文化的机会。第二，通过线上培训课程，文体旅相关企业可以拓展其市场范围，吸引更多线上用户。这不仅有助于品牌建设，还能通过教育培训的方式提升用户对品牌的忠诚度。第三，在线课程的多样性和灵活性为用户提供了个性化的学习体验。例如，通过虚拟现实技术，用户可以在家中体验虚拟的旅游或体育活动，这种创新的学习方式能吸引更多年轻用户。

第五章 体育、文化与旅游产业资源的整合与发展

第一节 体育、文化与旅游资源的开发与利用

一、体育、文化与旅游资源开发的相关理论

（一）区位理论

区位理论是针对地理区域进行的研究，原型为德国经济学家约翰·海因里希·冯·杜能（Johann Heinrich von Thünen）创立的农业区位理论，该理论主要解决的问题是经济活动的地理方位及其形成的原因。[①]在体育、文化和旅游的融合领域，区位理论指导着这些资源的区域性开发和利用。它帮助人们理解旅游市场的竞争格局，为旅游产业的布局提供重要参考。运用区位理论，可以有效地促进体育、文化和旅游资源在地区间的差异化

---

① ［德］约翰·冯·杜能：《孤立国同农业和国民经济的关系》，吴衡康译，商务印书馆 1986 年版，第 239-255 页。

发展，实现资源的合理布局。

1. 体育文化旅游中心地界定

确定体育文化旅游中心地往往根据一定的标准进行。通常来说，体育文化旅游中心地的选择通常基于几个常见标准：其是否能被消费者广泛认知和接受、是否有足够的体育旅游资源以满足消费者的需求、是否具备便捷的交通条件。这些标准共同决定了一个地区在体育文化旅游市场中的竞争力。

一个地区的资源、经济和基础设施条件是其在体育文化旅游市场中获得竞争优势的重要基础。以我国西部地区为例，这一地区在体育文化旅游资源开发和旅游业发展方面展现了明显的区域竞争优势。

第一，西部地区的地理位置十分独特。位于亚洲大陆中心的这一位置与周边的中亚国家保持着紧密的联系，这使得体育文化旅游市场的开放性较大，为国际交流和旅游合作提供了良好的基础。

第二，西部地区的旅游资源既丰富又独特，具有鲜明的区域特色，这对国内外游客都具有极大的吸引力。这些资源不仅包括自然景观，如壮丽的山脉、广袤的高原和河流，还包括丰富的文化遗产，如古老的丝绸之路、多元的民族风情和丰富的历史遗迹。这些资源的多样性为西部地区体育文化旅游提供了广阔的发展空间。

第三，从文化构成来看，我国西部地区少数民族众多且形成了独具特色的民族文化。

2. 体育文化旅游中心地市场划分

体育文化旅游地的市场范围受到多种关键因素的影响。主要的因素包括以下三种：其一，体育文化旅游资源对游客的吸引力。资源的丰富性和独特性是吸引游客的主要因素。其二，体育文化旅游产业的配套服务设施，如住宿、餐饮和交通等，对于提升游客体验和满意度至关重要。其三，旅游地的活动容量，即它能够容纳和服务的游客数量，也直接影响市场范围。值得注意的是，体育文化旅游中心地的市场范围具有明确的上限和下限，这一点是决定其市场范围大小的重要标志，如表 5-1-1 所示。

表 5-1-1 体育文化旅游中心地的市场范围界定

体育文化旅游中心地市场范围上限	体育文化旅游中心地市场范围下限
旅游资源吸引力	旅游地生产产品
旅游业的社会容量	旅游地提供服务所必需的最小的需求量
旅游业的经济容量	—
旅游业的生态环境容量	—

3. 体育文化旅游中心地等级划分

体育文化旅游地的市场范围是影响体育文化旅游中心地等级的重要因素。目前，我国的体育文化旅游中心地大致可以分为两个主要等级：高级和低级。

高级旅游中心地通常具有较大的市场范围。这些地区的旅游资源不但丰富，而且集中度高，吸引了大量的游客。高级旅游中心地的基础设施通常较为完备，包括高质量的住宿、餐饮服务以及便捷的交通连接。这些地区的旅游接待能力强，能够为游客提供优质且多样化的旅游消费体验。

相比之下，低级旅游中心地提供的服务范围较小，其市场范围也相对有限。这些地区的旅游接待能力较弱，可能缺乏高质量的旅游服务设施和体育活动。低级旅游中心地可能更专注于本地或区域性的旅游市场，无法吸引大规模的外地游客。

值得注意的是，高级旅游中心地往往由多个低级别旅游中心地组合而成，覆盖较大的地理区域。随着旅游资源的持续优化和整合，这些次级旅游中心地的市场范围逐渐扩大，旅游接待能力逐渐提升。这不仅提高了单个中心地的级别，也进一步增强了整个高级旅游中心地的综合竞争力和吸引力。

4. 体育文化旅游中心地模式构建

在体育文化旅游中心地模式的构建中，关键问题在于实现不同等级体育文化旅游中心地的均衡布局。体育文化旅游中心地有等级之分，每个等级的中心地都在区域旅游发展中扮演着独特的角色。科学、有序地促进这些不同等级的体育文化旅游中心地的发展，并高效利用各地的体育文化旅游资源是关键所在。合理的布局策略将确保各级旅游中心地能够相互补充、协调发展，从而共同推动区域体育旅游的健康和快速发展。

（二）旅游人类学理论

旅游人类学是一门起源于 20 世纪 60 至 70 年代的学科，致力探究旅游学基础理论与人类文化，尤其是与人类旅游文化之间的关系。旅游人类学理论强调不同文化的互动是驱动旅游者跨越地域边界进行旅游活动的关键因素。在旅游过程中，文化的交流和传播起到了至关重要的作用，不仅丰富了旅游的内涵，也促进了文化多样性。

1. 旅游人类学理论指导下的体育文化旅游宏观调控

（1）确定体育旅游的文化性质和发展方向。旅游人类学理论对于人类体育文化旅游的发展具有深远的影响和指导意义。首先，明确体育旅游的文化定位。体育旅游不仅仅是一种休闲活动，更是一种文化事业。文化属性是其根本属性，这意味着体育旅游的发展不仅要注重运动本身，还要深入挖掘和传承其中的文化价值。其次，政府在发展体育旅游事业时，应从传统的经济核心指导转变为将旅游事业的发展与文化发展紧密结合。这要求政府在促进体育旅游发展的同时，重视提升公众的体育文化素养，强化国民对体育文化的认知和参与。与此同时，加强对外体育文化的交流与合作，积极宣传和推广中国特有的体育文化，这对于提高国际影响力和吸引更多国内外游客具有重要意义。最后，旅游人类学中的主客关系理论和跨文化沟通理论，指导着如何更好地开发和利用旅游文化资源以及如何建立和维护与国内外游客的有效沟通和交流。体育旅游的发展应注重与游客的广泛交往，充分考虑不同文化背景下的体育文化关系和文化现象。

（2）指导相关旅游法律政策的建立和完善。旅游业作为我国第三产业的重要组成部分，对国家经济发展起着显著作用。在市场经济体制下，为了确保体育文化旅游产业的健康和规范发展，制定一套完善的法律和政策框架显得尤为重要。这些法律和政策不仅能够规范体育文化旅游市场，还能促进其科学发展，同时为整个旅游业的稳步发展提供坚实的法律和政策支持。

具体来说，法律政策应根据旅游人类学的基本理论和基本理念进行建立，重点做好以下几方面的工作。

①明确旅游服务提供者在体育文化旅游活动中的义务和法律责任，确保旅游活动的安全和质量。

②改变长期以来政府与旅游企业间关系的调整模式，寻求更加平衡和协调的合作关系。

③通过文化渗透加强游客对旅游地文化的了解和认知，从而丰富他们的文化体验。

④提升旅游者的文化素养，帮助他们树立正确的文化价值观，并以开放的心态接纳各种先进文化。

⑤特别关注旅游过程中主客不同的文化背景、文化意识和文化价值观可能引发的各种矛盾与问题。

（3）提高政府对体育文化旅游开发的效果和质量。旅游人类学理论在引导政府旅游主管部门坚持人本主义理念方面发挥着至关重要的作用。它不仅助力管理人员摒弃过时的观念和官僚作风，还促进他们更加关注文化和竞技发展，从而将体育文化旅游产业发展的工作重心转移到科学发展上，确保政府决策和行动更加符合人性化和文化发展的需求，推动体育文化旅游产业的全面和均衡发展。

政府的决策直接影响着体育文化旅游产业的发展方向、策略、重点及进程。为了促进体育文化旅游产业的科学发展，政府需要重视并加强对其工作人员的专业培训，提升他们的整体素质。政府工作人员应深入学习和掌握旅游人类学的基本理论知识，并将这些知识有效应用于体育文化旅游产业的发展实践中。这对于合理开发体育文化旅游资源、推动产业的持续和健康发展具有重大意义。由此一来，政府不仅能够确保体育文化旅游产业沿着正确的发展路径前进，还能进一步提升体育文化旅游产业的竞争力和吸引力。

2. 旅游人类学理论指导下的体育文化旅游微观调控

（1）了解体育文化旅游者的文化需求。首先，旅游人类学理论帮助旅游服务人员更好地理解和满足体育旅游者的文化需求。通过深入了解游客的文化背景和偏好，旅游服务人员能够提供更加优质和符合需求的体育旅游产品和服务。这不仅增强了游客的体验，还提升了服务的个性化和差异化，从而在竞争激烈的旅游市场中获得优势。其次，旅游人类学理论促使体育文化旅游服务提供者深入研究和掌握旅游产品对游客吸引力的规律，有针对性地开发体育文化旅游资源，突出旅游文化的独特性和吸引力。强调文化特色和本地化元素，不仅可以增强体育旅游资源的市场竞争力，还可以丰富旅游产品的内涵。最后，旅游人类学理论指导体育文化旅游资源开发者深入理解本地体育旅游资源的文化特点，在保持文化原貌的同时，合理地开发和利用资源。特色文化商品化的开发，不仅能保护和传承当地文化，还能实现经济效益和社会效益的双重目标。

（2）指导体育文化旅游者贯彻人本主义理念。旅游人类学理论在指导体育文化旅游中的人本主义实践上发挥着重要作用，其影响主要体现在两个方面。首先，旅游人类学理论帮助体育文化旅游服务提供者深入理解人本主义的精神，促使他们在尊重游客的个人权利和独立人格的同时，满足游客的合理需求。其次，旅游人类学理论指导旅游服务提供者帮助游客理解和尊重当地文化，同时强调了对游客自身文化背景的尊重。互相尊重的文化交流，不仅可以为游客提供更加丰富和深入的体验，也可以促进不同文化之间的理解和融合。

（3）提高从业人员的服务质量。在旅游人类学理论指导下，体育旅游从业人员应有意识地提高自身从业技能和素质，关注体育旅游活动开展过程中的文化传播，通过提供高质量的旅游产品和服务传播本地特色体育文化。

（三）游客行为理论

游客行为理论是从游客心理需求出发，研究游客内在心理期盼和外在行为以及由游客构成的旅游流的类型、结构、流向、流速、特征及动态规律等。

1. 旅游认知

旅游认知是一个复杂且有趣的心理过程，它影响着游客如何选择、体验和理解旅游目的地。这一过程涉及游客在已有感知印象的基础上，根据他们的原有旅游经验或实地旅游体验对目的地的信息进行选择、反馈、加工和处理。旅游者对旅游目的地的旅游认知可以分为三个主要步骤：最初感知、决策感知和实地感知，如图5-1-1所示。

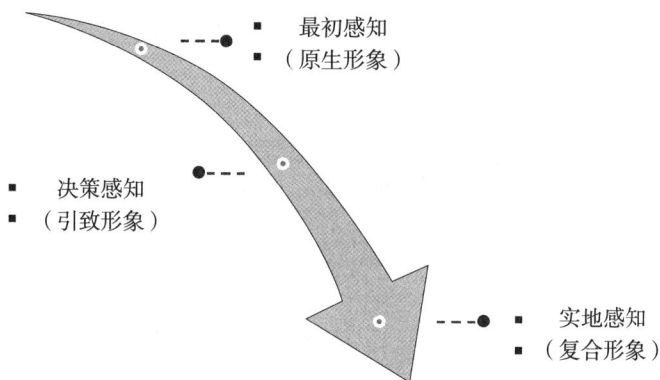

图 5-1-1　旅游者对旅游目的地的旅游认知步骤

（1）最初感知（原生形象）。最初感知是旅游者对旅游目的地形成的最初印象。这通常基于过往的经验、别人的推荐、广告、社交媒体或其他形式的信息传播。在最初感知阶段，旅游者可能对目的地有一种模糊的想象，或者对某些特定的景点、文化、美食等方面有所期待。

（2）决策感知（引致形象）。决策感知阶段是旅游者在考虑多种旅游选项后作出决策的过程。这个阶段涉及更多的信息搜索和比较行为，包括考虑成本、交通、住宿等实际因素。旅游者会根据自己的需求、兴趣和预算，筛选出最符合期望的旅游目的地和行程。

（3）实地感知（复合形象）。实地感知阶段是指旅游者亲身体验目的地时的认知过程。实地感知阶段是整个旅游认知过程中最为直接和最具实质性的部分。旅游者通过亲身体验，对目的地的文化、风俗、景观等有了更深入和真实的了解。

2. 旅游者的行为特征

旅游者的行为受多种因素的影响，在这些影响因素的共同作用下形成了具体的行为特征，集中表现在以下几个方面。

（1）旅游行为的季节选择。由于我国幅员辽阔、纬度跨度大，各地区的季节变化明显，这在很大程度上决定了旅游者的行为模式。如在南方地区，冬季不但天气较为温暖，而且风景独特，因此冬季成为南方地区体育文化旅游的高峰期。

（2）体育旅游项目选择。我国地理环境的多样性为体育文化旅游的发展提供了得天独厚的条件，使各地区能够根据自身的地理特点发展独具特色的体育文化旅游项目。沿海地区，尤其是海岸线漫长、四周被海环绕的地带，因其丰富的海洋资源而成为游泳、冲浪、潜水和海钓等水上体育活动的理想之地，不仅能让游客充分体验海洋的魅力，还能促进游客对海洋文化的了解和欣赏；我国内陆的多山地区为登山、攀岩、越野、野外生存训练和洞穴探险等活动提供了完美的场地，不仅挑战着参与者的体能和智慧，也让他们亲近自然，体验原始的户外生活。

（3）旅游停留时间。我国旅游旺季相对集中，包括体育文化旅游在内的旅游也比较集中，节假日是我国旅游的高峰期，而城郊和近郊的旅游主要在周末进行。

3. 旅游者的购买过程

旅游消费者的购买过程主要包括以下五个阶段。

（1）认识需要。游客的旅游需求通常源于内在需求和外部刺激的结合。内在需求可能包括对休闲、探险、文化体验的渴望，而外部刺激则可能来自社交媒体、广告、朋友和家人的推荐等。这些因素共同促使游客产生了旅游的想法。

（2）搜索信息。当旅游需求产生后，游客便开始从各种渠道搜索信息。这些渠道可能包括旅行社、新闻媒体、在线旅游平台、社交网络以及亲朋好友的建议。通过这些渠道，游客可以了解不同旅游目的地的特色、旅游产品的种类、价格、游客评价等信息。

（3）备选产品评估。游客会对收集到的信息进行对比和评估，以选出最符合自己需求和预算的旅游产品和服务。在这个过程中，游客可能会考虑旅游目的地的吸引力、住宿条件、交通便利性、成本等因素。

（4）购买决策。游客会基于评估结果做出购买决策。这一阶段，游客可能会受到各种外界因素的影响，如预算限制、时间安排、同伴意见等，这些因素可能会导致游客对最初的决策进行调整、推迟甚至放弃。

（5）购买后行为。游客对购买的旅游产品或服务的满意度会影响他们的后续行为。如果体验令人满意，游客可能会再次购买，并向他人推荐。反之，如果体验不佳，游客可能会通过投诉、索赔或建议他人避免购买等方式表达不满。

4. 游客行为理论对于体育文化旅游资源开发的指导

游客行为理论不但可以帮助开发者和营销人员更好地理解游客的需求和偏好，而且还能指导他们设计更符合市场需求的旅游产品和服务。首先，通过深入分析游客的行为模式，旅游开发者可以更精准地定位市场。例如，针对那些寻求刺激和冒险的游客，可以开发更多的户外探险项目，如攀岩、徒步等；而针对那些偏好文化体验的游客，则可以开发包含当地文化元素的体育活动，如文化主题的马拉松比赛。通过这种方式，旅游资源的开发能更好地满足不同游客群体的需求。其次，游客行为理论有助于开发者在产品设计和营销策略上做出更合理的决策。通过了解游客在旅游过程中的决策过程，旅游开发者可以设计出更符合市场需求的旅游产品，同时在营销传播上能更加精准地触及目标客群。例如，如果发现游客在选择旅游产品时更倾向于通过社交媒体获取信息，那么就可以加大在这些平台上的宣传力度。最后，游客行为理论的应用有助于提升游客满意度和忠诚度。通过了解游客的期望和偏好，旅游开发者可以提供更符合他们期望的服务，从而提高游客的满意度。同时，对于游客的反馈和建议，旅游开发者可以及时调整和优化产品，这样不仅能够留住老客户，也能吸引更多新客户。

（四）环城游憩带理论

1. 城市旅游空间结构

环城游憩带是指围绕城市形成的旅游、休闲、娱乐带，它构成了以城市为中心的环城旅游空间。

城市既是旅游目的地，也是游客的主要来源地。城市的环城游憩带受到土地租金和旅游成本两大因素的影响。由于城市中心区域的土地租金较高，许多休闲娱乐设施和旅游项目被迫向城市外围扩散，形成环城游憩带。这种带状的休闲娱乐区通常位于距离大城市中心 200 公里以内的范围内，成为城市居民周末或短期度假的理想选择。由于不同游客的旅游需求各异，城市周边地区逐渐形成了多样化的旅游带。这些旅游带以城市中心为核心，向外延伸，形成了多层环带状的地域空间分布。

2. 城市体育文化旅游空间资源分布

以核心都市区为中心，城市的外围可以划分为四个不同的旅游环带，每个环带具有其独特的旅游特色和游憩场所。

第一圈层——城市旅游带：集中在城市中心区域。主要游憩场所包括中央商务区、休闲购物区、剧院、艺术区和博物馆等。这些场所通常以文化、艺术和商业活动为主，吸引着那些对城市文化和现代生活方式感兴趣的游客。

第二圈层——近郊休闲旅游带：位于城市中心的外围，相对城市中心区域而言，这里的游憩场所更加多样化。包括工业与科技园区、名胜古迹、体育馆和森林公园等。

第三圈层——乡村旅游带：主要包括度假村、野营地、乡土建筑、农场和牧场等。这一区域为游客提供了接近自然和体验乡村生活的机会，是追求自然风光和乡村体验的游客的理想选择。

第四圈层——偏远旅游带：通常位于距离城市较远的地区，包括野生动物园区、国家野营地、户外运动开展地等。这些地方更适合那些寻求冒险和探险活动的游客。

环城游憩带理论为城市体育文化旅游的研究和规划提供了新的视角，强调了对城市中心以外区域的关注和开发的重要性。这一理论强调，城市体育文化旅游的研究和规划不应局限于城市中心区域，而需要扩展到城市的周边地区，更加合理地规划和布局城市体育文化旅游资源，实现其有效开发。这不仅有助于提升城市周边区域的旅游吸引力，还能促进城市与郊区的协调发展，为游客提供更丰富、多元的旅游选择。

二、体育、文化与旅游资源开发的内容

体育、文化与旅游资源开发是一个系统性的过程，涉及社会发展和人类发展的多个方面。这一过程主要由三个关键要素构成：开发主体、开发客体和开发个体。开发主体指的是参与体育文化旅游资源开发的组织和个人，如政府机构、私人企业和非政府组织等。开发客体是指被开发和利用的体育文化旅游资源本身，包括自然资源、文化遗产、体育设施等。开发个体涉及最终的旅游消费者，即游客。为了实现体育文化旅游资源的合理开发，必须在这三个要素之间找到平衡，确保资源的可持续利用，同时满足游客的需求，促进旅游业的健康发展。

（一）景点规划与设计

合理的景点规划与设计是科学开发体育文化旅游资源的首要前提，这对体育文化旅游资源的合理开发具有重要的指导意义。在体育文化旅游资源开发中，项目定向是首要考虑因素，它需要基于两个资源条件：自然资源和人文资源。自然资源条件包括地形、气候、生物多样性等因素，人文资源条件主要包括历史遗迹、文化传统、艺术形式等。旅游者的需求是旅游项目定向需要考虑的另一个关键要素，主要包括了解和分析旅游者的偏好，分析其是否倾向于极限探险和猎奇类的活动，或者更喜欢大众化的娱乐、休闲体育和健身活动。不同类型的旅游活动对资源和设施的需求各异。例如，喜好参加极限探险和猎奇型体育文化旅游活动的游客，通常对交通道路和旅游基础设施的要求不高，其更重视野外生存、救护和通信联

络的条件。这类旅游者追求新奇、刺激和挑战，对于他们来说，体育文化旅游资源的吸引力在于其能提供的独特体验和挑战性。因此，在规划和设计旅游项目时，必须充分考虑这些因素，以确保能够吸引并满足这一特定客群的需求。

（二）交通与通信建设

交通和通信对体育文化旅游的发展起着至关重要的作用，不仅影响着旅游目的地的知名度和吸引力，还直接关系到游客的旅游体验和满意度。在体育文化旅游中，这两个因素的重要性尤为突出。

首先，体育文化旅游资源通常与特定的自然环境紧密相关，许多旅游资源由于其地域性特点和不可移动性，使得游客必须依赖交通工具到达目的地。因此，交通的便捷性直接影响着游客的访问量和旅游地的流行度。一个地区的交通网络越发达，越能吸引远距离的游客，增加旅游地的接待量。其次，体育文化旅游活动，特别是那些户外探险项目，往往伴随着一定的危险性。在这种情况下，通信的畅通至关重要，它不仅能够为游客提供及时的科学指导和紧急救援，还是旅游地与外界联系的重要纽带。有效的通信保障可以增强游客的安全感，提升其旅游体验。最后，在开发体育文化旅游资源时，交通和通信的优化至关重要。良好的交通系统可以缩短旅游时间，降低旅游成本，而高效的通信网络则可以加强旅游地与外界的互动，提供实时信息。这些因素共同作用，能够提升旅游目的地的吸引力，吸引更多游客前往。

（三）体育与旅游设施建设

作为一种特殊的旅游形式，体育文化旅游本身具有较强的参与性特点，因此，在开发体育文化旅游资源时，必须考虑到一般游客的能力和需求。如果体育活动难度过大或危险性高，可能会降低游客的参与热情。因此，在规划和建设体育文化旅游项目时，确保游客的安全和舒适是至关重要的。同时，体育与旅游的配套设施与游客的整体旅游体验密切相关。优质、安全的体育文化旅游设施不仅能增强游客的满意度，还能提升旅游目的地的吸引力，是科学开发体育文化旅游资源的关键。

体育与旅游设施建设主要包括以下内容。

一般体育文化旅游设施：供水、供电、道路交通和通信系统等日常生活设施以及各类体育项目所需的专业体育设施。

运动场所及配套设施：为攀岩爱好者提供不同高度与难度的攀岩墙，或者为高山滑雪爱好者提供上山的缆车或牵引车等。

体育文化旅游安全与保障设施：攀岩所需的安全带、安全头盔等保险设备以及旅游安全路线的选择等服务。

（四）旅游专业服务人员培训

体育文化旅游的核心特点在于其参与性，这就要求旅游服务必须具备高度的专业性。在体育文化旅游活动中，游客不仅是观赏者，更是活动的参与者，他们参与各种体育活动，体验挑战和刺激。然而，并非所有游客都具备相关体育项目的专业知识和技能，这就需要专业的旅游服务人员提供指导和服务。专业服务人员的角色至关重要，他们不仅要保证游客安全、顺利地完成体育活动，还要让游客充分体验到活动的乐趣和挑战性。

为了提升体育文化旅游的服务质量，专业服务人员应接受全面的培训，包括安全保护服务、专业技术指导以及专业景区讲解等，丰富服务人员的专业技能，确保游客的安全和满意度。通过提供高质量的专业服务，体育文化旅游不仅能吸引更多的参与者，还能提升游客的整体体验，从而促进旅游业的可持续发展。

三、体育、文化与旅游资源开发的价值

体育、文化与旅游资源的合理开发有助于经济、社会、文化和环境等多元价值的实现，主要体现在以下几方面，如图 5-1-2 所示。

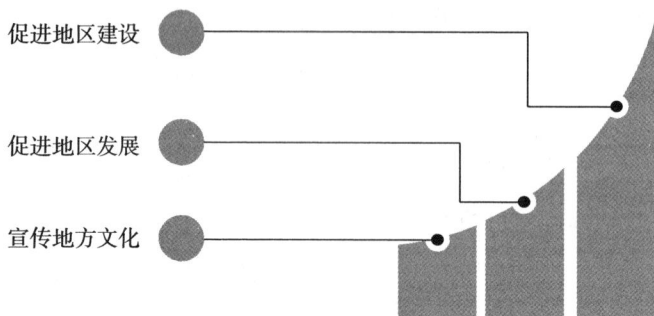

图 5-1-2　体育文化旅游资源开发的价值

（一）促进地区建设

体育文化旅游资源的开发与利用不仅关注资源本身的特性和潜力，还需着重考虑与之相匹配的旅游接待条件，即体育文化旅游的空间发展能力。这意味着在开发体育文化旅游资源时，必须将城市规划、交通布局和基础设施建设纳入考虑范围。全面的规划和开发不仅能够为旅游地区的基础设施建设提供推动力，还能为当地居民带来更多的便利和福祉。此外，优化旅游环境和提升接待空间的质量对于提高游客的整体体验同样至关重要。良好的旅游基础设施和接待条件不仅能够提高旅游者的满意度，还能增强旅游目的地的吸引力，进而促进当地旅游业的长远发展。

（二）促进地区发展

旅游业的发展对旅游地经济增长具有显著影响，能够为当地带来可观的经济收益。合理且有序的体育文化旅游资源开发尤为关键，不仅为体育文化旅游中心地提供了持续的经济动力，也保障了旅游业的稳定发展。通过精心规划和有效管理，体育文化旅游资源的开发能够最大化地利用当地资源，同时促进当地经济的全面发展，确保旅游业的长期繁荣和地区经济的持续健康增长。

（三）宣传地方文化

体育文化旅游资源的开发是地方文化传承和宣传的重要途径。特别是在我国，传统体育文化旅游资源的开发具有特殊意义。游客在观赏、了解甚至亲身参与当地的传统体育活动的过程中，不仅能够获得身心的愉悦，更重要的是，这些体验成为他们理解和深入了解当地体育文化和民族文化的桥梁，这不仅丰富了游客的旅行内容，也增进了对地方文化的认识和尊重，促进了文化多样性的交流和传播。

四、体育、文化与旅游资源开发的原则

开发体育文化旅游资源时，需遵循几个基本原则。

（一）系统性原则

体育文化旅游资源的开发是一个全面且系统性的工作，涉及众多方面和问题，因此需要进行科学的统筹安排和总体规划。系统性的开发策略有助于有效避免局部失误对整体项目造成的不利影响，确保开发过程的顺利进行和最终成果的成功。这样一来，体育文化旅游资源的开发不仅能满足市场需求，还能持续带动当地经济和文化的发展。在规划时，需综合考虑体育文化旅游资源的数量、质量、特点和区位四个核心方面。这不仅包括对现有资源的详细调查和评估，还包括深入分析这些资源的独特性和吸引力。此外，市场分析预测也是规划过程中的关键环节。它涉及对未来旅游市场趋势的预判以及对潜在游客需求的准确把握。

（二）突出性原则

在开发体育文化旅游资源时，充分考虑其对旅游消费者的市场吸引力至关重要，这要求开发过程中强调资源的独特性和特色。随着我国体育文化旅游市场发展趋势转向消费者市场，开发工作必须迎合消费者多样化和个性化的需求，以提升市场竞争力。体育文化旅游资源的开发应重视保留

其原始风貌，强调体育活动与自然、人文环境的和谐结合。这不仅包括保护自然景观，还涉及展示区域特色和民族文化特色，以实现"人无我有，人有我优"的目标，打造独特的旅游精品，吸引更多消费者。

（三）效益性原则

体育文化旅游资源开发不仅是一项经济活动，更是社会和环境发展的重要组成部分。在这一过程中，实现经济效益、社会效益和环境效益的统一是至关重要的。首先，体育文化旅游资源的开发应致力促进当地经济的发展，为国民经济的增长做出贡献。这包括创造就业机会、增加地方收入和促进相关产业的发展。经济效益的获得是旅游业可持续发展的基础，它确保了资源开发的长期可行性和稳定性。其次，社会效益在于通过体育文化旅游活动激发公众参与体育活动的热情，增强体育意识，丰富公众的体育文化生活。这样的活动不仅提高了民众的生活质量，还为国家体育事业的发展创造了良好的社会文化环境。最后，环境效益要求在开发体育文化旅游资源时，必须注重环境保护和可持续性。这意味着在促进旅游业发展的同时，要保护自然环境，确保体育文化旅游活动与自然环境的和谐共存。

（四）保护性原则

在体育文化旅游资源的开发过程中，应该将资源保护、环境保护置于重要位置。这意味着体育文化旅游资源的开发应更侧重提升资源的利用效率，而非对其本质进行改造。具体而言，应着重改善旅游资源的可进入性，如通过建设和改善道路、通信设施、住宿设施等附属设施，而避免直接干扰或破坏旅游资源本身的自然状态和文化价值。对于一些特殊的体育文化旅游资源而言，任何形式的开发都可能导致其价值的损失或破坏。在面对这类资源时，必须严格评估其开发的必要性。如果开发行为将对资源造成不可逆的负面影响，则应采取以保护为主的策略，实施有限度的开发甚至完全不开发，尊重资源的原始状态和内在价值。

五、体育、文化与旅游资源开发与利用的多元化模式

（一）资源型模式

体育文化旅游资源的资源型开发与利用模式，指的是重点依靠自然资源和人文资源进行体育文化旅游的开发与利用。自然资源包括山脉、河流、湖泊、海滩、森林和各种自然景观。这些自然景观不仅提供了美丽的旅游环境，也为各种体育活动如徒步、登山、皮划艇、滑雪等提供了场所。例如，山区可以成为登山和徒步旅行的理想地点，海滩适合进行沙滩排球和冲浪等活动。人文资源主要包括历史遗迹、文化传统、民俗活动和地方节庆。通过将体育活动与地方文化相结合，游客不仅能享受体育活动本身，还能深入了解当地的历史和文化。例如，一个地方的传统节庆可能包括特色体育赛事，如传统的龙舟比赛，这样的活动不仅吸引体育爱好者，也吸引对当地文化感兴趣的游客。

以体育赛事欣赏和场馆赛后充分利用为例，2008年北京奥运会举办以后，赛后场馆的再利用成了一项重要的经验。这些场馆在举办大型国际赛事的同时，被积极地转化为多功能的公共空间，对外开放并提供有偿服务。这不仅延长了场馆的使用寿命，也为公众提供了更多的文化体验机会。具体来说，体育场馆赛后被用于举办各种大众文化活动，如观光旅游、文化体育服务和商业性文艺演出等，不仅为游客提供了丰富多样的娱乐选择，还有效促进了当地的文化旅游发展。

（二）市场型模式

体育文化旅游资源的市场型开发模式是一种以市场需求为导向的策略，其核心在于根据消费者需求开发有针对性的体育文化旅游产品或服务（表5-1-2），目的在于提高细分市场的占有率。市场型模式的实施需要对目标市场进行深入的分析。这包括了解消费者的偏好、消费能力、旅游动机和行为模式。通过市场调研，可以识别出不同细分市场的特点，如家

庭游、冒险游、文化游等。了解这些信息后，旅游开发者可以设计出更符合特定群体需求的产品和服务。在市场型模式下，营销策略扮演着至关重要的角色。有效的营销不仅能提升产品知名度，还能加深消费者对品牌的认知。在数字化时代，社交媒体营销、网络广告、口碑营销等成为重要的工具。通过这些渠道，可以有效地触达目标消费群体，提升产品的市场吸引力。

表 5-1-2　体育文化旅游产品市场细分

体育文化旅游产品	目标市场	产品开发重点
健身养生	中老年人	健身、健心、养生
健美塑形	妇女、青年	健美、形体训练
极限探险	中、青少年	挑战自我、超越自我
体育拓展	企业员工	提升竞争力，培养合作意识
民族民俗体育	异地游客	传承和弘扬民族体育文化
体育观赛	体育爱好者	弘扬体育竞技精神、体验激情
商务旅游	体育产品经营者	提升专项体育技能，提高企业经济收益

（三）产业化模式

体育文化旅游资源开发的产业化开发模式，是在吸收传统开发模式优势的基础上，依托现有的资源、市场，提出的一种新发展模式。这种模式的核心在于通过深入分析区域市场，发掘并补充现有体育文化旅游产业中的不足，从而实现产业集群效应，实现整体经济的增长和区域发展的协调。

首先，对区域市场的精准分析是产业化模式的关键。通过分析，可以识别出市场中尚未被充分开发的领域，如休闲旅游、文化娱乐领域等，这些领域有着巨大的市场潜力和发展空间。以京津冀一体化发展为例，区域化的发展策略可以有效整合资源，促进体育文化旅游产业的协同增长。其次，产业化模式强调利用现有的自然资源、人文资源以及市场条件作为发展的基础。充分挖掘这些资源和条件中的潜力，可以为产业发展提供稳固的支撑。例如，在北京和张家口举办 2022 年冬奥会期间，可以利用这一良好的政策和社会文化环境，推动冰雪运动旅游的发展。最后，在实施产业化模式时，还需重视产业之间的互补和联动。通过打造产业链，将体育文化旅游与相关产业如酒店业、餐饮业、交通业等紧密结合，不仅可以提升旅游的质量，也能带动相关产业的共同发展，实现产业集群效应。

（四）创新型模式

体育文化旅游资源的创新性开发是推动该产业科学和持续发展的核心。在构建创新型开发模式时，首先必须树立强烈的创新意识，这涉及积极发现并解决问题，从而推动实践。然而，仅有创新意识是不够的，关键在于掌握正确的创新方法。科学合理的创新方法是将创新理念转化为具体实践的桥梁。此外，创新过程中应始终以体育文化旅游产业的科学发展理论作为指导。这意味着创新不仅要求创造性思维，还需要依托行业发展的理论和实践，确保创新既富有创造性又实用有效，能够真正促进体育文化旅游产业的长期发展。

具体来说，体育文化旅游资源的创新开发应从以下几方面入手。

第一，新兴型项目开发。紧跟大众体育参与的新趋势，探索并推广新兴体育项目作为旅游活动的一部分。例如，高尔夫休闲度假游、军事体育项目（如实弹射击、军事游戏）以及户外拓展与极限训练等。这些活动不仅能吸引体育爱好者，也能吸引寻求新奇体验和挑战的游客。

第二，移植型项目开发。将国内外其他地区流行但在当地尚未开展的体育项目引入本地，从而丰富当地的体育文化旅游内容。例如，在中国南方地区结合室内冰上运动和户外水上运动，或者在北方地区将冰雪运动与泡温泉等活动结合以及在草原沙漠地区开展滑草和滑沙运动等。创新的结合不仅提供了独特的旅游体验，也为当地旅游业带来了新的增长点。

第三，依托大型体育赛事开展旅游活动。例如，2008年北京奥运会期间，众多游客涌入中国，他们不仅观看了赛事，还参与了游览名胜古迹、体验民族风情等活动。大型体育赛事能够带来旅游高峰，同时吸引游客对当地文化和历史的关注，从而促进了文化旅游业的发展。

第二节　体育、文化与旅游资源的管理与可持续发展

一、体育文化旅游资源管理的基础理论

（一）体育文化旅游资源管理的含义

要想理解体育文化旅游资源管理的含义，就需要先理解体育管理的含义。体育管理本质上是指拥有管理权限的组织或个人，通过科学和系统的方法来规划、组织、协调、控制和监督体育活动的各个方面，涵盖人员、财务、物资、信息和时间等关键要素。而将体育管理与体育文化旅游资源结合起来，就能引申出体育文化旅游资源管理的含义。因此，体育文化旅游资源管理是指与体育文化旅游资源相关的管理组织或个人，科学、系统地计划、组织、协调、控制、监督体育文化旅游系统的各个要素的过程。

体育文化旅游资源的管理具有复杂性，其要求在不同层面上进行综合而全面的管理工作。这意味着，在管理体育文化旅游资源的各个子系统时，必须确保这些管理活动与总体的管理目标保持一致。每个子系统的管理不仅要专注于其特定的职能和目标，还需要与整个体育文化旅游资源管理系统的总目标相协调。这种协调确保了管理活动的一致性和效率，从而有效推动整个体育管理系统目标的实现。因此，管理者需要在保持对各子系统细节的关注的同时，要不断努力以实现体育文化旅游资源管理的总体目标，确保资源的高效利用和可持续发展。

（二）体育文化旅游资源管理的基本要素

体育文化旅游资源管理的要素主要有两个方面，一是管理对象，二是管理手段。

1. 管理对象

体育文化旅游资源管理的对象，所指的就是管理活动的承受者，具体来说，就是指人、财、物、时间和信息。

（1）人。事实上，人是体育文化旅游管理系统中最核心的因素。无论是管理操作还是决策制定，都离不开人的参与和执行。在这个体系中，"人"主要指的是那些参与和开展体育文化旅游管理工作的操作者。人的重要性在体育文化旅游资源管理的多个方面得到体现。首先，在组织机构的构成上，人是实施策略和执行任务的关键。没有有效的人力资源，即便是最优秀的管理计划也无法得到实施。其次，在目标和计划的制订上，人的思考、经验和判断对于确立可行和有效的管理策略至关重要。管理者和操作者通过对体育文化旅游资源的深刻理解和市场需求的准确把握，制订出符合实际情况的管理计划和目标。因此，人在体育文化旅游资源管理中的作用不可替代。他们不仅是管理活动的执行者，更是策略和计划制订的思考者。

（2）财。财力不仅是体育文化旅游事业顺利发展的物质基础和保障，还对创造经济价值、政治价值、精神价值和社会价值至关重要。资金，或称体育文化旅游资源管理经费，是实现管理目标和推动项目发展的关键。因此，科学管理和合理规划经费成为体育文化旅游资源管理的重要任务。管理者需要确保资金的有效分配和使用，使得有限的资源能够产生最大的效益。这包括对经费的合理预算、有效分配、严格监控以及透明使用。通过精细化的财务管理，确保每一笔投入都用于最合适的领域，从而有效推动体育文化旅游项目的开展和成功。此外，合理的资金运用还能增强体育文化旅游项目的吸引力，提升其在市场上的竞争力。这不仅有利于提高旅游项目的质量和服务水平，还有助于实现经济和社会效益的最大化。

（3）物。体育文化旅游事业的发展离不开必要的客观物质基础，其中包括体育设施、器械、仪器和服装等。物质资源的有效管理对推动体育文化旅游事业的进步至关重要。科学地管理这些资源，可以提高它们的使用效率和延长使用寿命，进而为体育文化旅游事业的发展提供坚实的物质支撑。合理的资源管理不仅能保证体育活动的顺利进行，还能优化旅游体验，在促进体育文化旅游事业的同时，增强其吸引力和市场竞争力。因此，对体育文化旅游资源中的"物"的管理，是推动整个事业发展的一个重要环节。

（4）时间和信息。时间和信息管理是体育文化旅游资源管理的关键要素，对该行业的快速、稳定和可持续发展至关重要。有效的时间管理意味着在最短的时间内完成更多的工作，从而提高工作效率。同时，信息管理的核心在于广泛搜集和整理信息，这样可以为管理决策提供坚实的依据。通过这两方面的精心管理，可以确保体育文化旅游事业的顺利发展。

2. 管理手段

体育文化旅游资源管理的实现依赖一系列有效的管理手段。多样化的手段，可以确保体育文化旅游资源的有效管理，促进该行业的健康发展。每种手段都扮演着独特的角色，这些手段共同构成了一个全面且协调的管理体系，保障体育文化旅游资源管理的目标得以顺利实现。体育文化旅游资源管理手段主要有法规手段、行政手段、经济手段、宣传教育手段等这几种。其中，法规手段提供了一套规范和指导原则，确保所有活动遵循法律框架，保障公平和透明度。这包括相关法律、条例和标准，为管理提供了法律依据和执行标准。行政手段通过制定和执行政策、规章及程序，对资源进行直接管理和控制。这种手段涉及从项目批准到资源分配的各个环节，确保资源得到合理有效的利用和保护。经济手段通过经济激励和约束来调控资源。这可能包括税收优惠、补贴、罚款或者市场机制的运用，以经济利益为驱动力，引导公众和企业的行为，促进资源的可持续利用。宣传教育手段通过增强公众意识和教育，促进公众对体育文化旅游资源价值的理解和尊重。这包括公共宣传活动、教育计划和社会动员，旨在塑造积极的公共观念，提高公众资源保护和利用的社会责任感。

（三）体育文化旅游资源管理的基本原理

体育文化旅游资源管理的基本原理主要包括以下几方面，如图 5-2-1 所示。

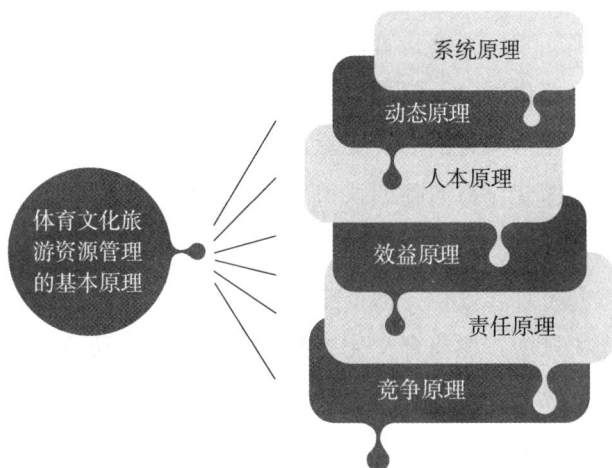

图 5-2-1　体育文化旅游资源管理的基本原理

1. 系统原理

系统原理强调利用系统理论对管理对象进行全面和深入的分析，以达成现代科学管理的最优化目标。系统原理基于整体效应观，体现在两个关键方面。一是产生放大功能，即"1+1>2"的效应，意味着系统中各个要素的联合作用远大于它们各自独立时的总和。二是整体功能的放大程度与系统的规模成正比，这表明系统越大、结构越复杂，其功能和效能也就越强大。在体育文化旅游资源的管理中，应用系统原理意味着遵循三个主要原则，即"整—分—合"原则、"优化组合"原则以及"相对封闭"原则。其中，"整—分—合"原则强调在管理过程中既要考虑到系统的整体性，也要关注其各部分的独特性和相互作用。"优化组合"原则指的是在系统内部各要素之间寻找最佳的组合方式，以提升整体效能。"相对封闭"

原则强调在一定程度上保持系统的独立性和封闭性，以保持其稳定性和效率。

2. 动态原理

动态原理在管理活动中的应用强调对管理对象实时、精准的理解和灵活的调整能力。动态原理强调，管理过程是一个长期而动态的过程，在这个过程中，管理的各种元素如人力、财务、物资、时间和信息都处于不断的发展和变化之中。因此，管理中的计划、组织、控制和协调等关键环节需要根据这些变化做出及时的调整。在动态原理的指导下，管理者必须具备敏锐的观察能力和灵活的应变能力，需要不断地收集和分析信息，以确保对管理环境的变化有清晰的认识。而且，管理策略和方法必须随着情况的变化而变化，以适应不断发展的环境。这意味着管理者必须在保持目标稳定的同时，对管理过程中的策略和行动进行适时的调整。特别是在复杂多变的管理场景中，如体育文化旅游资源管理中，动态原理的应用尤为重要。在这一领域，各种资源和条件，如市场需求、政策法规、技术进步等，都可能发生快速变化。管理者需要快速响应这些变化，调整资源配置，优化管理策略，从而确保管理目标的实现。

在体育文化旅游资源管理中运用动态原理，需要遵循弹性原则和信息反馈原则。弹性原则要求管理过程中必须保持一定的灵活性和留出一定的调整空间，使得管理活动能够适应客观事物的多变性，从而确保管理活动能够顺利进行，而不至于僵化和过于严格。这在体育文化旅游行业尤为重要，因为这个领域受多种外部因素如市场趋势、消费者偏好和政策变化的影响。信息反馈原则强调利用反馈信息来有效控制和调整未来的行动，以确保这些行动能够不断地接近管理目标。在这个过程中，管理者需要收集、分析并利用来自各方的反馈信息，包括客户反馈、市场动态和内部运营数据，帮助管理者及时调整策略，提高管理决策的准确性和有效性。

3. 人本原理

人本原理在管理过程中的应用强调以人为核心，充分激发人的积极性，确保管理活动以人的需求和特性为基础。人本原理认为，在管理中，人既是决策和执行的主体，也是管理活动影响的主要对象。因此，管理措施和手段的设计和实施必须考虑其对人的影响和作用，以激发人的积极性和创造力。在体育文化旅游资源管理等领域，人本原理尤为重要。管理者需要通过各种方式和途径，如提供有效的激励机制、创造良好的工作环境、实施人性化的管理策略，来调动人员的积极性。这不仅涉及对员工的管理，也包括对消费者、合作伙伴等其他相关方的关注。人本原理的核心在于任何管理决策和行动都要着眼于有效地影响和利用人的能动性，从而在管理过程中达到有效协调各种管理要素的目的。

在体育文化旅游资源管理中融入人本原理意味着深入分析和研究如何实现以人为本的管理思想，并促进人的全面发展。这要求管理者遵循行为原则、动力原则和能级对应原则。行为原则关注调动人的积极性，确保管理决策和行动与员工的需求和期望相一致。动力原则强调激励机制的重要性，通过有效的激励手段激发员工的内在动力。能级对应原则是指在人员配置和任务分配上做到合理匹配，即让高能级的人承担高难度的任务，低能级的人承担相对简单的任务。这样的匹配不仅提高了工作效率，也有利于员工的能力发展和职业成长。通过这些原则的实施，体育文化旅游资源管理不仅能够更有效，也更加人性化。

4. 效益原理

在现代企业管理中，效益原理发挥着核心作用，特别是在体育文化旅游领域。效益原理强调以创造最大的社会和经济效益为管理活动的主要目标。社会效益涉及企业在社会责任、文化贡献和环境影响方面的表现，而经济效益则关注财务收益和资源利用效率。管理过程中的每一个决策和行动都需围绕着优化人力、物力和财力资源的使用，以最大限度地提升效益。这不仅意味着追求经济收益的最大化，也意味着对社会责任和文化价值的重视，确保企业的可持续发展和社会认可性。在体育文化旅游资源管理中，效益原理的应用尤为重要。这个领域不仅需要实现经济目标，也承载着促进文化交流、提升社会福祉的使命。因此，平衡经济和社会效益，实现二者的有机结合，是体育文化旅游资源管理的关键所在。

管理的核心目标在于追求效益，不仅包括短期的成果，还涵盖了长期的稳定和高效。效益的实现在管理领域中表现为以下几个方面。

第一，管理的根本目的在于追求长期稳定的高效益。这意味着在做出决策时，不仅要考虑即时的收益，还要考虑长远的影响和可持续发展的可能性。管理效益的追求应该是局部效益与全局效益之间的协调一致。这要求管理者在关注特定部门或项目效益的同时，考虑整个组织或系统的整体效益。

第二，管理活动的效益观必须清晰明确，以提高效益为核心。管理策略和行为应围绕着提升效益进行设计和调整。同时，在实际工作中，管理效益通常通过经济效益得到具体体现，这包括成本控制、收入增加等方面。

第三，影响管理效益的因素众多，其中最重要的是管理思想的正确性。正确的管理思想可以有效指导管理活动，从而提高效益。因此，管理者需要不断更新和完善自己的管理理念，以适应不断变化的环境和挑战。

5. 责任原理

责任原理的主要目标包括两方面，一是组织目标的实现，二是人的潜能挖掘。责任原理强调在合理分工的基础上清晰地规定各部门和个人必须完成的工作任务和相应的责任，确保组织目标的顺利达成，激发员工的积极性和创造力。为了在体育文化旅游资源管理中有效应用责任原理，管理者需要深入理解并认识到其重要性。这涉及几个关键方面：首先，管理过程中应保证职责明确，每个员工都清楚自己的任务和责任；其次，授权要合理，确保员工在其职责范围内有足够的自主权来完成任务；再次，奖惩制度应明确且公正，以此激发员工的工作热情和创新能力；最后，管理应规范化，以保证整个组织的有效运行和协调发展。

6. 竞争原理

在管理过程中，竞争原理的应用是为了激发工作热情和进取精神，同时是一种有效的方式来挖掘和提升人的潜能和能力。特别是在体育文化旅游资源管理中，这一原理的合理运用可以极大地促进个人和团队的发展。

然而，在应用竞争原理时，需要注意以下几个问题以确保其效果。

第一，竞争的主要目的应当是促进交流和共同发展。在体育文化旅游资源管理的竞争环境中，重点应放在通过竞争鼓励团队成员之间的相互学习和成长。这意味着竞争不仅仅是为了胜出，而更多的是为了互相借鉴和提高。第二，需要确保在竞争过程中避免不正当的行为。无论是在哪个环节，都必须坚持按规章制度办事，确保每个行动都合法合规。这样不仅维护了体育文化旅游资源管理的公信力，也防止了任何投机取巧或不正当竞争的行为。第三，评价和制裁过程必须严格遵循公平和公正的原则。评价制度是管理的重要组成部分，它在竞争中起到了关键的激励作用。对员工表现进行客观、公正的评价，可以有效地提高他们的工作积极性和参与度。同时，公平的制裁机制是必要的，以确保竞争的健康发展。

二、体育文化旅游资源的全方位管理

（一）体育文化旅游资源的产权管理

1. 体育文化旅游资源产权概述

（1）产权。在理解体育文化旅游资源产权之前，首先要对产权有所了解。通常来说，从经济学的角度上，产权指的是物的存在及其使用所引起的人们之间相互认可的行为关系，并不是人与物之间的关系。产权从根本上规定了人们对特定物品的使用、控制和转让的行为规范，这些规范对所有人都具有约束性。产权定义了人们在资源使用时的经济和社会地位。这种权利义务关系是通过法律和社会规范来确立和维护的。产权的特性主要包括排他性、有限性和可交易性。排他性是指产权的持有者有权排除他人对该资源的使用；有限性意味着产权在法律和社会规范的限制下行使；可交易性指产权可以在市场中转让或交换。这些特性共同构成了产权的基本框架，对经济活动和资源分配产生了深远影响。

（2）体育文化旅游资源产权。在理解产权概念的基础上，可以将体育文化旅游资源产权定义为在体育文化旅游资源开发、管理、利用、保护等过程中，调节地区与部门之间以及法人、集团和国家之间使用旅游资源行为的一套规范的规则。[①] 从狭义上来讲，体育文化旅游资源的所有权强调了旅游资源的终极归属和特性。这种所有权不仅是对资源的法律性拥有，还涉及对其长期、可持续的利用和保护。使用权主要包括消费性使用和生产性使用两方面。消费性使用指的是游客对旅游资源的直接体验和享受，生产性使用涉及旅游资源在产业发展中的角色，如其对旅游产品创新和市场拓展的贡献。管理权是对旅游资源使用方式的关键决策权，主要包括对资源的维护、开发和利用的管理，确保资源的可持续性和对社会的利益最大化。

2. 体育文化旅游资源产权管理相关理论

（1）公地悲剧理论。公地悲剧理论阐述了共享资源过度使用的问题及其根本原因。该理论指出，当多个利益主体对同一资源拥有使用权时，每个人都有动机去过度利用这一资源，因为他们都期望最大化个人利益。而当所有人都这样做时，最终导致共享资源的枯竭，使得所有人都无法从中获益。公地悲剧理论的论证和解释主要包括以下三部分内容：一是集体行动逻辑，指出个体在面对集体利益时，往往会优先考虑个人利益。二是哈丁牧场模型，这一模型通过牧民过度放牧于公共牧场的例子，说明了共享资源的滥用问题。三是囚犯困境博弈，这是一个表明个体在集体行动中做出最优选择时，可能导致整体不利结果的经典博弈论模型。

应用公地悲剧理论来解释体育文化旅游资源的经营权问题，强调在资源的开发和管理过程中，各利益相关者基于个人理性选择行动，但这些选择汇集在一起容易导致集体的非理性后果，进而引发旅游资源的过度使用和恶化，从而使得资源无法持续发展，进而损害了集体利益。这就要求在体育文化旅游资源管理中考虑到个体行为与集体利益之间的复杂关系。

（2）外部性理论。外部性理论强调，生产和消费活动中产生的影响不局限于直接参与者，而是会波及更广泛的社会和环境。简单来说，生产

---

① 蔡瑞林、黄铭晖、唐雨佳：《常熟文体旅融合发展的现状、问题与对策》，《江南论坛》2022 年第 1 期，第 73-77 页。

和消费活动的某些影响既不会为消费者和生产者带来直接的经济收益，也不会由他们承担相应的成本。当某项活动或事物对其周围环境产生积极影响，并使周围人获益，而活动的发起者却未能从中获取额外收益时，就是外部经济性。例如，企业投资于社区环境改善，虽然提升了社区的整体生活质量，但企业本身未直接从这种改善中获益。相反，外部不经济性是指某些活动对周围环境造成负面影响，而行为人却不承担任何补偿或成本。例如，工厂排放的污染物污染了环境和损害了周边居民的健康，但工厂并未为这种损害支付费用。因此，外部性理论揭示了市场活动中存在的一种重要的市场失灵情形，即个体行为所产生的社会成本或利益未能在市场交易中得到充分体现。

在管理体育文化旅游资源时，政府的首要任务是深入分析这些资源的外部经济性和外部不经济性，并据此实施全面的协调管理，旨在控制旅游经营活动可能造成的外部负面影响，以防止其对整个社会造成损害。因此，建立一套有效的约束机制来避免和减轻旅游经营活动带来的外部不经济性是至关重要的。这不仅涉及直接的环境和社会影响，也包括对当地文化和社区生活的长远影响。

（3）公共选择理论。公共选择理论主张政府行为虽具有明显的强制性，但这种强制并非任意或非理性的，而是基于公共选择的结果，旨在提高社会和经济福利性。政府对经营管理进行干预通常会借助一定的方式，常见的主要包括以下几种。

第一，直接行动。政府可以直接建立企业进行生产活动，或从私营部门购买产品。直接行动能够使政府直接控制某些关键经济活动。

第二，间接管理。这种方式是将经营权下放给相关的部门，使得政府可以通过间接手段影响经济活动。

第三，行政命令。政府可以要求私人部门按照政府的意图采取特定行动，从而间接实现政府的目标。

第四，综合运用以上各种手段。

3. 体育文化旅游资源产权管理的路径

（1）完善法律体系，实施一元化的垂直领导方式。在体育文化旅游资源的管理中，构建完善的法律体系是实现有效管理的关键，这不仅为各种旅游资源管理模式提供了法律支撑，还确保了管理决策的合法性和正当性。实施一元化的垂直领导方式，能够明确管理权限，提高管理的效率和权威性，有助于实现权限与责任的和谐统一，确保管理决策的顺畅执行和受到有效监督。

（2）分离管理权与经营权。政府在体育文化旅游资源管理中采取的经营权限和管理权限分离策略，可以带来多方面的积极影响。首先，将管理权与经营权分离开来，有助于更合理地利用体育文化旅游资源，提高管理效率。分开管理权和经营权限能够确保各自聚焦于其专业领域，从而提升整体的运作效能。其次，经营部门能够专注于文化资源的开发和经营活动，更加注重科学化和专业化，不断提高服务水平和经营效率，这不仅有助于促进旅游资源的优化利用，还能提升游客的体验质量。最后，政府通过授权运作形式，可以在确保资源有效管理的同时，为游客提供更多的便利和选择。

（3）加大政府资金支持的力度。国家为提升体育文化旅游资源的社会福利性，可以从财政部门增加对相关旅游部门的资金支持，由此可以降低门票和其他相关费用，从而使更多游客能够享受到体育文化旅游资源。这一策略的实施需要国家具备强大的经济基础，以确保资金支持的可持续性和政策的长期有效性，促进体育文化旅游资源的普及和社会福利的增进。

（二）体育文化旅游资源的信息管理

信息，有广义和狭义之分。这里所说的信息就是指广义上的信息。在广义上，信息指的是人类社会传播的所有内容，包括对客观事物的状态、特征等方面的描述。这种信息的传播使人们能够更深入地了解事物的存在方式和运动状态。信息涵盖了从日常生活细节到复杂科学数据的广泛领域，是知识传递和沟通的基本单元，对增进人类对世界的理解和认识起着至关重要的作用。

体育文化旅游资源管理中的信息管理是一个复杂且关键的环节。这类资源涵盖了从资源本身的信息到交通、娱乐、住宿等各个方面的广泛信息。由于体育文化旅游资源的信息既多样又丰富，因此其传播对象也展现出显著的多样性。这就意味着，从提供各种服务的人员到不同类型的游客，所有与体育文化旅游相关的群体都是这些信息的接收者和参与者。有效的信息管理不仅关系到游客的体验质量，也直接影响资源的有效利用和维护。因此，对体育文化旅游资源信息进行精准、高效的管理和传播至关重要。体育文化旅游资源的信息管理与其他类型资源的信息管理相比，表现出以下几个显著的特点：第一，体育文化旅游资源信息通常是海量的，涵盖了广泛的内容和细节。第二，由于体育文化旅游资源内容的特殊性和专业性，所以这类信息并不易于传播和普及。第三，体育文化旅游资源信息具有综合性和层次性，包含了多个层面的数据和信息，需要通过综合分析来实现最大的价值。

体育文化旅游资源的信息管理可以被视为一种战略性的管理活动，主要涉及信息的开发、规划、控制、集成和利用，旨在满足管理者、经营者和消费者对信息的不同需求。通过有效的信息管理，管理者可以确保各方面需求的顺利实现，不仅优化了信息的使用，还增强了资源的可访问性和用户体验，提升体育文化旅游资源的整体价值和吸引力，促进了体育文化旅游资源的可持续发展。

（三）体育文化旅游资源的质量管理

1. 体育文化旅游资源质量管理概述

（1）质量。质量是质量管理工作中的基本、核心概念之一。质量不单单是一个客观的度量标准，更是一个反映顾客满意程度的综合评价指标。

（2）质量管理。质量管理是随着科技进步和生产力水平的提高而不断发展的。质量管理的发展可以大致划分为三个阶段：一是产品质量检验阶段；二是统计质量管理阶段；三是全面质量管理阶段。这反映了从初步的产品检验到更为系统和综合的质量控制策略的转变。

质量管理主要包括以下几个方面内容：一是制定质量方针，明确组织的质量指导思想和原则；二是设定具体的质量目标，为质量改善提供明确的方向和目标；三是质量策划，设定实现这些目标的详细计划和步骤；四是进行质量控制，通过各种手段确保产品或服务符合质量标准；五是质量保证和改进，不断监督和优化质量管理过程，以实现持续改进。

（3）体育文化旅游资源质量。体育文化旅游资源质量是指其个体或组合体固有特性在满足游客需要方面的程度。体育文化旅游资源在生产过程中不需经历化学或物理变化，其形态、结构和功能保持原始状态，只需适当调整外部条件，便可供游客游览并进行质量评价。旅游资源质量由三个要素构成：旅游资源类型特色、结构规模和价值功能。这些要素可以进一步分解为完整度、审美度、奇特度、价值度、组合度、规模度等多个方面。完整度指的是资源的完好性和保持原貌的程度；审美度指资源的美学价值；奇特度强调资源的独特性；价值度体现在资源的文化、历史或自然价值上；组合度关注不同资源的综合利用效果；规模度指资源的大小、范围和影响力。体育文化旅游资源质量的评估和提升，对于吸引游客、增强旅游体验和推动旅游业发展具有重要意义。

2. 体育文化旅游资源标准质量管理

（1）标准。标准是对重复性事物与概念所做的统一规定，要综合考虑科学、技术和实践经验等各方面因素。

（2）体育文化旅游资源标准。体育文化旅游资源的开发和服务等方面标准的建立，是为了促进体育文化旅游业的健康发展。这一过程通常分为四个阶段：旅游资源及其环境与开发条件的调查、旅游区规划、旅游产品开发和旅游景区运营。这些阶段相互衔接，每个阶段都承载着特定的目标和任务，共同推动着体育旅游资源的有效利用和可持续发展。首先，资源调查阶段侧重对旅游资源及其环境条件的全面了解，为后续规划和开发提供基础数据。其次，旅游区规划阶段涉及对旅游资源的综合规划，确保资源的合理布局和开发。再次，旅游产品开发阶段着眼于创新和丰富旅游产品，增强游客的旅游体验。最后，旅游景区运营阶段关注景区的日常管理和服务质量，确保游客满意度和资源的可持续运用。为了保证这一过程的顺利进行，不仅需要建立各阶段的工作标准，还要确保管理标准的有效执行。目前，我国在这方面的国家标准有很多种，并都对相应的标准进行了相应的说明，这些标准为体育文化旅游资源的保护、开发和管理提供了重要的指导和参考。

3. 体育文化旅游资源全面质量管理

（1）质量规划。体育文化旅游资源的质量规划是旅游总体规划的重要组成部分，它对旅游业的发展起着关键的导向作用。体育文化旅游资源规划不仅影响着旅游资源的开发和利用，还直接决定了最终提供的产品和服务的质量。进行旅游质量规划时，应积极利用先进技术手段，对体育文化旅游资源进行有效的监管和控制。同时，根据资源和环境的不断发展和变化，及时对旅游规划进行修订和调整，以实现对旅游资源的动态管理。此外，体育文化旅游资源的管理组织必须重视旅游规划，并将其作为质量持续改进的起点，确保旅游资源的合理开发和有效利用，同时提升游客的体验和满意度。

（2）质量管理。为了确保质量的科学管理，建立和不断完善相应的质量管理责任制是关键。这对充分发挥组织管理的效能尤为重要。考虑到体育文化旅游资源管理的组织结构具有复杂性，明确各部门和员工的责任和权限显得尤为必要，这有助于保障管理的科学性和效率。在管理过程中，实施"人人有专责"的原则至关重要，同时需完善工作的检查和监督机制。

在进行体育文化旅游资源的质量管理时，需要从多个层面采取综合管理措施。从社会层面上来说，新闻机构和社会公益组织应通过宣传教育活动提高公民的环保意识和文明旅游意识，促使他们养成自觉保护旅游资源和旅游环境的良好习惯。社会层面的引导对于营造良好的旅游文化环境至关重要。从行业管理层面上来说，相关行业协会组织和国家业务主管部门需制定并实施各种管理措施，推动旅游资源的标准化管理。这包括建立和完善行业标准、规范管理流程等。政府，特别是地方政府，需要根据地域特性和资源状况，制定适合当地的旅游资源管理政策，以保证资源的合理利用和保护。从景区管理层面上来说，管理者应依据国家的相关政策、法规和行业标准，实施制度化管理。这包括对景区内的资源进行有效的保护、合理开发和优化服务，确保旅游活动的可持续性。

（3）质量保障。在体育文化旅游资源的质量管理过程中，立法、执法与司法保护的作用至关重要，它们为旅游资源的有效管理提供了法律保障和支持，确保了资源保护和利用的合法性和公正性。具体而言，我国在体育文化旅游资源方面的法律法规主要包括以下几方面：旅游环境管理法规；文物资源管理法规与历史文化名城管理法规；爱国主义教育基地和革命烈士纪念地（物）管理法规；宗教活动场所管理法规；风景名胜区管理法规；森林和草原管理法规；自然保护区管理法规；动植物资源管理法规；旅游度假区、游乐园（场）管理法规。

三、可持续发展的基础理论

（一）可持续发展的含义

"持续"一词源自拉丁语，意思是"维持下去"或"保持继续提高"。在资源与环境领域，"持续"一词应该理解为保持或延长资源的生产使用性和资源基础的完整性，这意味着使自然资源能够永远为人类所利用，不致因其耗竭而影响后代人的生产与生活。[1]

从根本上说，可持续发展概念包括三个基本要素，即需要、限制、平等。其中，需要强调在发展过程中充分考虑人类的基本需求，确保所有人都能享受到发展的成果。这意味着在资源利用和技术进步中，应注重改善人类生活质量，并为所有人提供基本的生活保障。限制是指社会组织、技术状况对环境能力施加限制。在进行社会组织和技术发展时，必须考虑到

---

[1] 黄世忠：《可持续性和可持续发展的缘起和演进》，《财会月刊》2024年第1期，第3-9页。

环境的承载能力和资源的可持续性。限制因素包括人口增长、资源的有限性、环境的脆弱性以及生态系统的复杂性。管理者需要开发更加高效、环保的技术，优化社会组织结构，以实现经济发展和环境保护之间的平衡。平等指的是在全球范围内，不同地区和不同人群之间应享有平等的发展机会。这不仅指的是财富的分配，还包括对资源的访问、教育的机会和健康服务的可得性。平等还意味着在决策过程中不同群体的声音都应该被听到，确保发展成果能够公平分配。

（二）体育文化旅游资源可持续发展的基本原则

体育文化旅游资源的可持续发展，着眼于保护资源的完整性与延续性，强调了对旅游资源的科学合理管理。这不仅要求人们维护体育文化旅游资源的活力和吸引力，还要保护生态环境，确保环境的长期稳定。实现可持续发展目标，意味着在促进体育文化旅游发展的同时，需满足公众在体育文化旅游方面的多样化需求，同时保证环境的健康和持续性。体育文化旅游资源可持续发展的实现主要遵循以下几大原则，如图 5-2-2 所示。

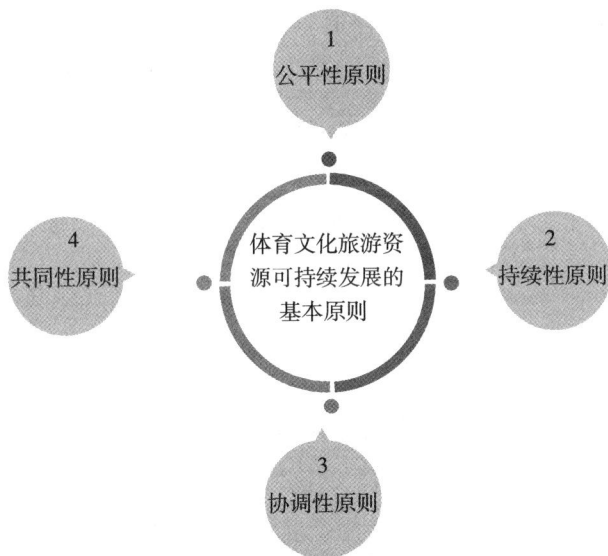

图 5-2-2　体育文化旅游资源可持续发展的基本原则

1. 公平性原则

公平性原则在很多方面都有所体现，可以大致归纳为以下三个方面：

（1）资源分配方面的公平性。体育文化旅游资源的分配与管理需强调特定区域内的公平性和差异性。体育文化旅游资源不能一概而论，而是应根据所在地区的特点进行区分和合理利用。每个区域都有在法律许可范围内开发旅游资源的权利，但这种开发不仅要考虑当地的需求和条件，还应确保不对其他区域或环境造成负面影响。因此，体育文化旅游资源的可持续发展需要在尊重地区特性和法律的基础上，平衡好资源分配与环境保护之间的关系。

（2）原住民方面的公平性。在挖掘和利用体育文化旅游资源的同时，需为当地原住民提供生存和发展的空间，确保他们能够分享到旅游发展带来的经济和社会利益，保护和弘扬原住民的文化，实现资源开发的双赢。此外，将原住民的发展纳入景区的长期经营规划中，意味着在发展的过程中坚持公平原则，确保他们在资源分配、环境保护、文化传承等方面享有平等的机会和责任。

（3）代际方面的公平性。在追求当代的经济和社会利益时，不能忽视对未来代际的责任。人类必须避免短视的开发行为，不应牺牲后代的利益来换取眼前的利益。在管理体育文化旅游资源时，关键在于平衡好当前和未来代际的利益，确保后代人也能公平地享用和利用这些自然资源。因此，从长远的发展角度出发，重点应放在实现资源的持续和合理利用上，确保体育文化旅游资源既能满足当代需求，又能为后代留下宝贵的自然和文化遗产。

2. 持续性原则

持续性原则强调体育文化旅游资源的开发和旅游业的发展必须限制在生态系统的承载能力之内。这意味着旅游开发过程中不能仅仅追求本代人的需求满足，而是要考虑到长期的环境和社会影响。掠夺性地开发旅游资源，无视其对未来的负面影响，与可持续发展的理念背道而驰。从旅游可持续发展的理论视角来看，地球被视为一个由自然、社会、经济和文化等多重因素构成的复合系统。在这一系统中，人与自然的和谐共存是至关重要的。可持续的旅游发展不仅关注经济利益的增长，更重视生态保护、社会正义和文化尊重。通常情况下，要保证体育文化旅游资源管理的持续性，需要从两个方面着手：

一方面，体育文化旅游资源的可持续发展需深入考量旅游在区域发展中的功能和作用以及其与相关子系统的功能匹配性。这要求管理者避免单纯追求超越客观条件的超前发展，同时应防止人为地限制旅游业的发展。无论是形式还是内容，不恰当的开发和限制都将严重阻碍体育文化旅游资源的可持续发展。这意味着，旅游业的发展计划和实践应基于对当地实际情况的深入了解和科学评估，确保旅游活动既符合区域的发展目标，又不超出环境的承载能力。

另一方面，深入了解和掌握体育文化旅游资源的不同类别和属性，根据资源的特性和区域的特定需求，采取针对性的策略，协调资源的开发、保护人类旅游需求的关系。通过科学、合理地规划和开发，可以更有效地保护和利用这些珍贵的体育文化旅游资源。同时，深入挖掘旅游资源的潜在价值并延长其使用寿命，对于促进体育文化旅游资源的可持续利用具有重要作用。

3. 协调性原则

在旅游业的发展过程中，旅游业与经济社会发展水平的关系息息相关。旅游业的发展不仅要与社会经济发展相协调，还需要考虑生态环境的承载能力，确保旅游业的规模和档次不超出环境所能承受的限度。同时，深入的分析和考量旅游资源的市场定位、等级划分和结构安排对体育文化旅游资源的发展的影响，以积极促进体育文化旅游资源的健康、协调和可持续发展。生态、经济和社会的协调发展是实现可持续发展的基本前提。没有生态与经济社会的协调发展，体育文化旅游资源的可持续发展便无法实现。因此，在规划和推进旅游业发展的同时，必须综合考虑环境保护、经济效益和社会福祉，确保这三方面的平衡，以实现旅游业的长期、健康和可持续发展。

4. 共同性原则

旅游业的可持续发展目标的实现需要全球采取联合行动，因为大多数资源和环境问题都具有全球或区域性的特征。只有在巩固国际秩序和合作关系的基础上，全球的可持续发展目标才有可能实现。这一目标的实现需要建立普遍的合作关系。在旅游业的可持续发展过程中，应摒弃狭隘的区域观念，加强国家间的交流与合作。运用现代化的旅游发展技术、信息和管理手段，促进全球旅游业的繁荣和发展。这不仅涉及资源的合理利用和环境的保护，还包括文化的交流和理解。通过国际合作，人们可以共同解决跨境环境问题，推动旅游业的可持续发展，并促进全球经济和社会的整体进步。因此，旅游业的可持续发展不仅是一个地方或国家的任务，而是一个全球性的挑战和机遇。国际社会需要共同努力，通过合作和共享知识，实现旅游业的可持续发展。

（三）体育文化旅游资源管理与保护的主要措施

1. 做好区域旅游规划

对于体育文化旅游资源管理与保护来说，防患于未然这一措施处于基础地位。在开发体育文化旅游资源之前，必须进行全面细致的可行性分析，不仅要考虑经济效益，还应考虑环境影响、社会责任和文化保护等多方面因素，避免盲目开发带来的潜在风险，确保体育文化旅游资源得到恰当而有效的利用和保护。

在对体育文化旅游资源进行相关规划时，需要综合考虑相关因素，具体有以下几个方面：体育文化旅游活动会对自然旅游资源的破坏性程度及产生的直接影响；确定什么样的管理和保护措施，以最大限度地减少或避免这些破坏；体育文化旅游活动项目与整个景区的景观是否协调一致；全面分析当地现有的水陆交通工具和运输量、宾馆、餐饮等方面，制订合理的开发计划和应对策略。

2. 端正态度并加强保护

在体育文化旅游资源的保护中，应秉承"预防为主、治理为辅"的原则，有效整合防范与治理措施。这要求管理者采用法律、行政、经济和技术等多种手段，以提升管理和保护效能。在管理过程中，重点应放在采取技术措施以预防可能由自然因素引起的损害等方面。对于那些因条件限制而难以采取预防措施的旅游资源，应定期进行检查，发现问题后及时进行治理，以尽可能减少破坏。

3. 做好人为破坏的防范工作

人为破坏会对体育文化旅游资源的健康有序发展产生深远影响。通过综合各方力量和资源，采取有效的保护措施，可以确保体育文化旅游资源的长期可持续发展，为未来世代保留这些宝贵的自然和文化遗产。在对体育文化旅游资源进行开发管理保护时，可以从以下几方面入手：

一方面，注重培养旅游参与者的旅游资源保护意识。这需要通过加强宣传和教育，提升游客的整体素质，使他们了解并尊重自然环境和文化遗产。另一方面，体育文化旅游的管理者、旅游地的居民、决策者以及旅游业经营者在保护旅游资源方面扮演着关键角色。他们不仅要认识到体育文化旅游资源的重要性，还要理解其对于自然环境和人类文化遗产的价值。只有当所有相关方面都充分意识到这些资源是自然界和人类数百万年智慧的结晶，并理解人类生存与自然的密切关系时，才能从根本上实现对体育文化旅游资源的保护。

第六章　体育、文化与旅游产业集群竞争力的提升

第一节　产业竞争力相关理论

一、产业竞争力的相关概念界定

（一）竞争

在中文里，"竞争"一词最初见于《内篇·齐物论》，文中有"有竞有争"之说。郭象注曰："并逐曰竞，对辩曰争。"[①]"竞"和"争"最初是两个不同的单音节词，各有其独特含义。其中，"竞"更侧重行为方面，"争"更强调言辞和辩论。随着时间的推移和语言的演变，这两个词逐渐合并，形成了今天人们所用的"竞争"一词。

马克思指出："社会分工则使独立的商品生产者互相对立，他们不承认任何别的权威，只承认竞争的权威，只承认他们互相利益的压力加在他们身上的强制。"[②]由此可知，竞争成为生产者相互关系的基础，像动物世

---

① 庄子、支旭仲：《庄子》，三秦出版社 2018 年版，第 20—21 页。
② ［德］马克思：《资本论》第 1 卷，人民出版社 1975 年版，第 394—395 页。

界中的生存战一样，是社会进步和发展的动力。恩格斯认为："竞争是经济学家的主要范畴，是他最宠爱的女儿，他始终爱抚着她。"① 这一观点强调了竞争在经济学中的重要性。

竞争作为一种复杂的活动，其成立基于四个核心要素：一是竞争主体，即参与竞争的各方，这回答了"谁在竞争"的问题。二是竞争客体，也就是竞争的对象或目标，解答了"竞争什么"的问题。三是竞争目的，阐明了进行竞争的动因，即"为什么竞争"的问题。四是竞争的方式，包括战略、策略、手段和方法，这涉及"怎样进行竞争"的问题。综合这些要素，竞争可以被定义为"两个或多个竞争主体为了实现特定的竞争目的，围绕一定的竞争客体，通过制定和执行相应的竞争战略、策略，运用各种手段和方法所进行的争夺或较量"。竞争的本质是多方面的争夺，不仅包括对资源、市场或位置的竞争，还涉及实现个体或集体目标的过程。竞争既是个体和集体之间互动的一种表现，也是推动社会进步和发展的重要动力。

（二）竞争力

经济学界对竞争力的定义尚未形成统一共识，但根据现有文献，竞争力的定义可以概括为以下九种观点：

一是从国际贸易角度出发，竞争力被定义为一种比较优势，这关系到一个国家或地区在特定产品或服务上的相对优势。

二是从国际贸易角度出发，竞争力被定义为出口份额及其增长情况，即一个国家或地区在全球市场中的出口表现。

三是从企业角度出发，竞争力被定义为企业的一种能力，涵盖了其在市场中立足和发展的综合实力。

四是从国家角度出发，竞争力被定义为提高居民收入和生活水平的能力。这一定义反映了竞争力对国民经济和福祉的影响。

五是从过程角度出发，竞争力被定义为创新能力，即不断创新和适应

---

① 中共中央马克思恩格斯列宁斯大林著作编译局：《马克思恩格斯全集》第一卷，人民出版社1956年版，第611-612页。

市场变化的能力。

六是从效率角度出发，竞争力被定义为生产率（生产力），关注资源利用的效率和效果。

七是从动态角度观察，竞争力被定义为一个持续发展和变化的过程。

八是从生产要素角度来看，竞争力被定义为对要素的吸引力，包括资本、技术和人才等。

九是竞争力被定义为一种综合能力。

笔者认为，竞争力是衡量一个竞争主体在市场竞争中表现的关键指标。竞争力的强弱主要通过三个方面来衡量：首先是竞争目的的实现程度，即该竞争主体是否有效地达成了其竞争目标，如增加利润或提高市场份额。其次是生产力的相对高低，即在竞争中，该主体是否有比竞争对手更高的生产效率和能力。最后是战略、策略、手段和方法的差异化，这意味着该竞争主体是否采取了与竞争对手不同的方式来进行竞争。综合这三个标准，可以这样定义竞争力：竞争力是指一个竞争主体通过采用独特的战略、策略、手段和方法，相较竞争对手有更高的生产效率，以此有效地实现其竞争目的的能力。这种能力不仅体现在实现具体经济目标上，还体现在持续保持市场优势和适应市场变化的能力上。因此，竞争力是一个综合性的概念，涵盖企业的多个方面，是评价其在竞争中地位和表现的重要尺度。

（三）产业竞争力

关于产业竞争力，目前，国内外许多学者都对其进行了较为深入的研究，并从多角度提出了对产业竞争力的科学认知，但是，目前，学术界关于产业竞争力的概念描述尚未统一，在论述上存在诸多不同之处，我国学者中具有代表性的关于产业竞争力概念的论述主要有如下几种。

陈晓声对产业竞争力的概念如此描述，即产业竞争力是指产业"通过对生产要素和资源的高效配置及转换，稳定持续地生产出比其他同类产业更多财富的能力"。[1]

---

[1] 陈晓声：《产业竞争力的测度与评估》，《上海统计》2002 年第 9 期，第 13-15 页。

帅燕认为，产业竞争力是国家核心竞争力的重要内容，提高产业竞争力是保证国家竞争力、促进国民就业、调和社会矛盾的重要途径，在新常态下承担着推动我国经济结构转型、保持经济中高速增长和经济高质量发展的使命。[1]

笔者认为，产业竞争力是一种多维度的综合能力，不仅包括在规范市场条件下提供有效产品和服务的能力，还包括通过高效配置和转换资源来持续创造财富的能力。产业竞争力体现了一个产业在市场竞争中的整体实力和长期可持续发展的潜力。

二、产业竞争力内涵

产业竞争力作为一种比较竞争力，涵盖了多层次、多角度的比较维度。它既可以在国际层面上比较不同国家之间同一产业的竞争力，也可以在国内对比本国不同产业或同一产业的不同企业。具体分析如下。

就区域经济发展来讲，不同国家或地区的产业政策环境和经济发展大环境存在显著差异。产业竞争力的评价应当考虑到这些地域特有的政策和经济条件，因而产业竞争力的比较应在具体的国家或地区范围内进行。

就国际经济一体化发展来讲，考虑到国际经济一体化的趋势，各国和地区之间的经济贸易往来频繁且普遍，这要求人们在评估产业竞争力时也应将其置于国际背景下进行比较。在全球化背景下，一个国家或地区的产业发展不仅受到本国或本地的政策和经济环境的影响，也与国际市场的动态紧密相关。因此，产业竞争力的比较和评估需要跨越国界，综合考虑全球化背景下的国际竞争和合作因素。

就产业本身而言，产业的发展是经济进步的必然结果，且各产业之间存在着密切的联系。以体育文化旅游产业为例，它是体育产业、文化产业以及旅游产业的结合体，不仅继承了这三个产业的特点，还形成了自己独特的产业属性、结构和发展环境。因此，即使是在不同产业之间，也存在

---

[1] 帅燕：《战略激进度、企业成长与产业竞争力——基于沪深A股制造业上市公司的研究》，博士学位论文，江西财经大学产业经济学系，2023，第1页。

着竞争和比较的可能性。这种竞争和比较不仅基于产业间的相似性，还基于它们的差异性和互补性。

三、产业竞争力的理论基础

（一）比较优势理论

比较优势理论是国际贸易理论中的一个重要概念，最初由英国经济学家亚当·斯密（Adam Smith）在其著作《国富论》中提出绝对优势的概念，随后由大卫·李嘉图（David Ricardo）进一步发展和完善。亚当·斯密在《国富论》中指出，各国间存在生产技术上的绝对差异，这种差异导致了劳动生产率、生产成本和价格上的不同。如果某国在生产某类产品上具有绝对的生产优势（即更低的成本或更高的效率），则该国倾向于专注于这类产品的生产和出口。[1]

在亚当·斯密绝对优势理论的基础上，大卫·李嘉图于 1871 年提出了比较优势理论。李嘉图的理论认为，即使一个国家在所有产品的生产上都没有绝对优势，它仍然可以从国际贸易中受益，这是因为贸易关系基于相对成本的差异，而非绝对成本的差异。[2]根据比较优势理论可知，即便某国在生产某一产品的过程中处于劣势，它仍然可以通过专注于生产成本相对较低的产品来获得贸易利益。国家将进口那些生产成本相对较高的产品，而出口那些生产成本相对较低的产品，从而实现国际资源的优化配置。

20 世纪 50 年代以后，比较优势理论得到了进一步发展。学者如保罗·克鲁格曼（Paul R. Krugman）提出了动态比较优势理论。这一理论强调，产品的竞争力不仅受到其生产要素优势的影响，还与各生产要素的分配密切相关。[3]动态比较优势理论认为，随着时间的推移，生产要素的分

---

①［英］亚当·斯密：《国富论》，胡长明译，重庆出版社 2015 年版，第 30-35 页。

②［英］大卫·李嘉图：《政治经济学及赋税原理》，周洁译，华夏出版社 2005 年版，第 91-105 页。

③［美］保罗·克鲁格曼、罗宾·韦尔斯：《克鲁格曼经济学原理》第 4 版，赵英军译，中国人民大学出版社 2019 年版，第 576-586 页。

布和效率会发生变化，从而影响各国在特定产品或服务上的竞争优势。

比较优势理论强调基本生产要素在一个国家参与国际竞争中的重要作用，指导着国家在国际贸易中的决策，促进了全球经济的繁荣。

（二）竞争优势理论

哈佛商学院大学教授迈克尔·波特（Michael E.Porter）提出的竞争优势理论是现代国际商业和经济学中的一个重要理论，尤其对于理解和分析国家和产业在全球市场上的竞争地位至关重要。波特的理论主要基于以下几个核心观点：

第一，国家的竞争优势对企业和行业的竞争优势有着直接且重要的影响。这意味着国家层面的经济政策、资源分配和社会环境等因素，直接影响企业和行业的竞争力。

第二，国家兴衰的根本在于其国际竞争力的大小。具有强大竞争优势的国家能够在国际竞争中占据主导地位，这不仅体现在经济增长和市场占有率上，还体现在对全球经济格局的影响力上。

第三，优势产业的建立依赖提高生产效率，而提高生产效率的关键在于创新。这表明产业竞争力的提升需要不断的技术革新和管理创新。

在上述基本观点的基础上，波特进一步提出了著名的"钻石模型"理论，用于解释一个国家产业的竞争优势。钻石模型包括四个主要方面：生产要素条件（如人力资源、资本资源），需求条件（国内市场的特性），相关及支持性产业（如供应链网络），企业的战略、结构及竞争（包括公司的组织结构和市场竞争策略）。① 除此之外，波特还强调政府的作用和机遇对产业竞争力的影响，认为政府政策和偶然的历史机遇也是不可忽视的重要因素。

---

① [美]迈克尔·波特：《国家竞争优势》，李明轩等译，中信出版社2011年版，第64-67页。

第二节　体育、文化与旅游产业集群竞争力的构成要素

产业集群是指在某一地区内，同一产业的企业在一定程度上形成的一种互补、协同发展的产业聚集体。产业集群涵盖了同一产业内的多个企业及相关支持机构，如客户、供应商、相关行业组织和政府部门等。这些实体在特定地区内共享资源、信息、技术、文化和市场等，通过相互依赖和互动，实现协同发展。产业集群的形成，不仅促进了参与实体间的协作和信息交流，还增强了整个集群的竞争优势，使其在市场中更具影响力和竞争力。下面对体育、文化与旅游产业集群竞争力的构成要素展开论述。

一、生产要素

生产要素是影响产业竞争力的一个重要因素，对产业竞争力的发展起基础作用。在迈克尔·波特的"钻石模型"理论框架下，分析体育文化旅游产业的竞争力时，可以将其生产要素划分为三大类：体育文化旅游资源、人力资源和基础设施，如图6-2-1所示。

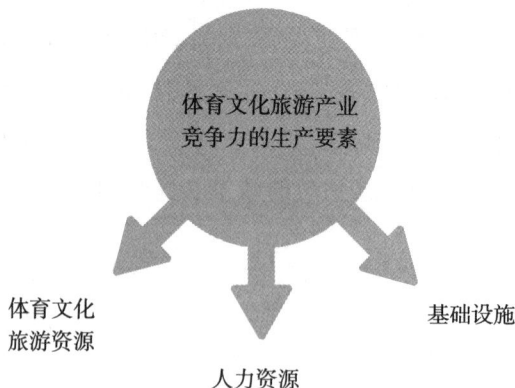

图6-2-1　体育文化旅游产业竞争力的生产要素

（一）体育文化旅游资源对体育文化旅游产业竞争力的影响

体育文化旅游资源是体育文化产业发展的关键基础和前提，是提升体育文化旅游产业竞争力的根本。体育文化旅游资源包括各种能够吸引体育文化旅游者并支持体育文化旅游活动的事物和因素，如体育赛事、训练设施、历史文化遗产、自然景观等。这些资源不仅是旅游和体育资源的融合，更是这一产业可持续发展的物质基础。经过科学合理的开发和管理，体育文化旅游资源能够显著提升游客的旅游体验，吸引更多的游客，同时为旅游业带来多元化的经济和社会效益。体育文化旅游资源的有效利用和保护对确保体育文化旅游产业的长期竞争力至关重要。缺乏这类资源，体育文化旅游产业的发展将失去重要支撑，难以发挥其潜在价值。

体育文化旅游资源对体育文化旅游产业竞争力的影响主要表现在以下三方面。

第一，体育文化旅游资源的多少是决定其吸引力和市场范围的关键因素。若一个国家或地区在这方面资源匮乏，其体育文化旅游产业将难以展现市场竞争力。这些资源不仅可以吸引旅游者，也是推动旅游市场发展的重要驱动力。因此，拥有丰富的体育文化旅游资源对于任何国家或地区来说都至关重要。

第二，特殊的体育文化旅游资源对提升目的地在市场中的竞争优势至关重要。如今，体育文化旅游市场已经演变成一个以消费者为中心的市场，其中消费者对体育文化旅游活动的需求呈现出多元化和多样性的趋势。因此，如果一个体育文化旅游目的地能够提供独特且与众不同的旅游资源，这些资源就能更有效地吸引体育文化旅游消费者。特殊的体育文化旅游资源不仅提升了目的地的吸引力，还能满足消费者多样化的需求，从而使目的地在竞争激烈的市场中脱颖而出。

第三，体育文化旅游资源集中度对目的地在旅游市场中的表现有显著影响。资源集中度高的体育文化旅游地能够为游客提供更丰富多样的旅游产品和服务，从而在同类目的地中更具吸引力，成为体育文化旅游者的首选目的地。这种优势不仅使得旅游者更愿意前往体验，还使得该地区能够在体育文化旅游市场中占据更大的份额，从而在激烈的市场竞争中脱颖而出。集中的资源和高度的吸引力进一步形成规模效应，有效增强该地区体育文化旅游产业的整体竞争力。

（二）人力资源对体育文化旅游产业竞争力的影响

在市场经济中，人力资源扮演着至关重要的角色，特别是在体育文化旅游产业中，这一点更是明显。从研发、生产、销售到管理，人力资源在整个产业链中发挥关键作用，从而直接影响着产业的竞争力。

体育文化旅游产业因其高度的参与性，使得人力资源在其中的作用更加突出。这一产业的特点是人力资源的参与度远超其他任何行业。工作人员的专业技能、服务态度和效率直接决定了游客的消费体验，这种体验又反过来影响着游客对目的地的满意度和忠诚度。因此，人力资源的素质和管理水平在体育文化旅游产业中尤为重要。它不仅是提升顾客满意度和忠诚度的关键，也是确保体育文化旅游产业可持续发展的基石。体育文化旅游产业的成功与否，很大程度上取决于其人力资源的质量和管理效率。优秀的人力资源管理能够有效提升整个产业的服务水平，促进产业的健康发展。

人力资源对体育文化旅游产业竞争力的影响具体表现在以下两个方面。

一方面，对于体育文化旅游产业企业来讲，人力资源的数量和质量是提高产出水平的关键因素。体育文化旅游产业需要的是具备双重专业知识的人才，即对体育和经营管理都有深入了解的专门人才。当这类人才数量增加时，在相同的生产技术条件下，他们能够生产出更优质的体育文化旅游产品，并提供更高水平的服务。这不仅提高了企业的生产效率，也增强了产品和服务的市场竞争力。

另一方面，对于体育文化旅游市场竞争来说，在知识经济时代背景下，人力资源的素质成为产业发展的关键。在体育文化旅游产业的市场竞争中，企业提供的产品和服务的数量与质量的提升很大程度上依赖于员工的知识、技术水平以及创新能力。员工的专业知识和创新能力越强，企业的综合竞争力也越强。这意味着提高人力资源的素质不仅是提升产品和服务质量的关键，也是强化企业在市场中的竞争地位的重要策略。

（三）基础设施对体育文化旅游产业竞争力的影响

体育文化旅游产业的发展与基础设施建设紧密相连，后者是前者的重要物质基础。在体育文化旅游产业中，基础设施不仅包括提供基本生活服务设施，如商店、住宿、交通、通信和医疗等，还包括为游客提供休闲娱乐和专业体育文化旅游服务设施。基础设施的建设和完善对吸引和满足体育文化旅游消费者的需求至关重要。良好的基础设施能够提升游客的整体体验，从而促进旅游产业的健康发展。例如，便捷的交通系统使得游客更容易到达目的地，而优质的住宿和医疗服务则确保了他们的舒适与安全。

基础设施的建设水平直接影响着旅游地的市场接待能力和游客的消费体验满意度。与其他产业相比，体育文化旅游具有独特的区域固定性，要求游客亲自到达目的地进行体育文化活动体验。这对目的地基础设施建设的要求更为严格，尤其是在可进入性和接待数量上。体育文化旅游目的地需要具备良好的交通连接，以便游客能够方便快捷地到达；同时，需要有足够的设施来容纳和服务大量的消费者。这包括充足的住宿设施、餐饮服务、休闲娱乐场所以及必要的医疗服务。这些基础设施的完善不仅提升了游客的访问便利性，也极大地增强了他们的旅游体验。因此，体育文化旅游地的基础设施建设不仅是提升市场接待能力的关键，也是保证游客满意度和忠诚度的重要因素。对基础设施的投资和优化，是推动体育文化旅游产业发展的重要策略。此外，良好的基础设施对提升体育文化旅游目的地的整体形象和市场竞争力具有关键性的影响。它不仅优化了游客的旅游体验，还增强了目的地的吸引力，从而对目的地在市场中的竞争力产生积极的推动作用。基础设施的优化和完善是提高一个地区体育文化旅游产业的发展潜力和市场竞争力的重要手段，对确保产业的长期健康发展具有重要意义。

二、市场需求

市场需求是产业发展的核心驱动力，它不仅决定了产业的发展模式、结构和发展方向，还是产业发展决策的关键指导因素。一个产业的发展必须紧密围绕市场需求进行，因为没有市场需求，产业便失去了其竞争力。市场需求的存在与变化直接影响着产业的生存和发展，是产业持续进步和壮大的前提条件。因此，市场需求是产业发展的前提。市场需求对体育文化旅游产业竞争力的影响主要体现在以下几方面。

（一）细分市场影响体育文化旅游产业竞争力的"宽度"

在当前的消费者市场经济阶段，中国的产业发展越来越注重对消费者需求的深入理解和准确把握。特别是在体育文化旅游产业，消费者的偏好对市场需求有着直接而深刻的影响。细分市场的发展与消费者的具体消费行为紧密相连，这要求产业发展必须紧跟消费者偏好变化。消费者偏好是影响其购买决策的关键因素。通常情况下，当消费者对某种产品或服务的偏好增强时，其对该产品或服务的需求量也会相应增加；反之，偏好减弱则需求量减少。以体育文化旅游产业为例，消费者对不同旅游项目和内容的偏好随季节和时期的不同而变化。例如，在冬季，消费者对冰雪旅游的需求可能会有明显的增长。

消费者在社会地位、经济条件、文化水平和兴趣爱好上存在着显著的差异，这些差异性在体育文化旅游需求上表现为多样化特点。因此，能够满足消费者多样化需求的体育文化旅游产品和服务，自然能吸引更广泛的消费者群体。这不仅有助于企业在体育文化旅游细分市场中占据更大的市场份额，也对增强市场竞争力有显著的正面影响。面对不同消费者的独特需求，体育文化旅游相关企业需采取灵活多变的市场策略。通过提供多样化的产品和服务，企业能更好地满足不同消费者的期望，从而提升其在市场中的吸引力和竞争力。对消费者需求细分的敏感性和响应能力，是体育文化旅游产业发展的关键所在。

（二）市场预期性需求影响体育文化旅游产业竞争力的"速度"

　　市场需求的预期性指对未来消费者需求的预测。对于任何产业而言，准确预测未来的消费者需求至关重要，因为这直接关联到能否把握市场竞争机会。预知并理解消费者未来的需求变化，可以使企业提前作出策略调整，从而有效地在竞争中取得优势，保持市场领先地位。中国体育文化旅游市场中，消费者的需求呈现出不断的变化和发展。特别是当某一国家或地区的体育文化旅游需求领先于其他地区时，这一先发优势可以转化为市场竞争力。通过提前准备相应的体育文化旅游产品和服务，并有效地进行市场宣传，这些地区能够与消费者需求实现精准对接，从而吸引更多消费者，增强产业的市场竞争优势。例如，中国在 2022 年冬奥会的申办和筹备过程中，体育冰雪旅游产业相较其他旅游产业展现出了显著的市场优势。这不仅是因为冬奥会的国际影响力，也因为冬季体育文化旅游市场需求的增长。在近期及未来一段时间，以冰雪旅游为主题的体育文化旅游产品有望占据更大的市场份额。因此，市场需求的差异化和预期性对消费产品和服务的需求产生重大影响。如果企业能够准确把握这两方面，就能更好地促进产业的发展，提高其市场竞争力。

三、产业关联

　　产业关联又称产业联系，即产业之间在投入与产出、供给与需求方面的数量比例关系，是产业发展的关键。任何产业的发展都不是孤立存在的，它们在成长过程中必然与其他产业产生紧密的联系。产业之间的联系表现为各种形式，从原材料供应到技术合作，从市场需求到服务支持。因此，一个产业的发展状况会受到与其相关联产业发展水平的显著影响。具体来说，某行业的上游产业或相关产业的国际竞争力是影响该产业竞争力的重要因素。上游产业或相关产业不仅能够发挥群体优势，还能产生互补优势，从而推动特定产业的发展。例如，在中国体育产业领域，尽管这种群体优势目前只在少数地区显现，但其影响力不容忽视。特别是在体育用品领域，一些领先的企业群已经形成了以体育用品加工生产为核心的产业链。不同企业之间的重复性交换和协作，有助于有效缓解矛盾、解决问题，并实现生产过程的高效性、有效性和灵活性。

体育文化旅游产业具有一个冗长且复杂的产业链，不仅包括体育文化旅游产品的生产（服务设计）、制造（服务提供）和营销等环节，还涉及为体育文化旅游活动提供支持的多个行业，如交通、通信、医疗和娱乐。在这个产业链中，可以将那些生产和提供体育文化旅游所需产品和服务的行业定义为体育文化旅游的前向关联产业，将那些消耗体育文化旅游产品和服务的行业称为体育文化旅游的后向关联产业。前向关联产业为体育文化旅游提供必要的输入，包括基础设施、服务和产品，后向关联产业是体育文化旅游产品和服务的使用者或消费者。整个产业链的高效运作对确保体育文化旅游产业的健康发展至关重要。

体育文化旅游产业的关联产业对体育文化旅游竞争力的影响主要表现在以下两个方面。

（一）技术创新影响体育文化旅游产业竞争力

技术创新是企业生存和发展的基石，同时是推动产业可持续发展的关键动力。在体育文化旅游市场中，这一点尤为显著。随着经济的持续发展，体育文化旅游消费者的需求不断演变，对产品和服务质量的要求逐渐提高，质量成为他们选择和消费的重要考量因素。在这样的市场环境下，如果体育文化旅游消费者在消费后感觉未能获得与价值相符的产品和服务，他们的消费需求将逐步减弱，这会对体育文化旅游产业的发展产生不利影响，可能导致市场需求的下降。因此，对于体育文化旅游产业的企业来说，不断的技术创新和改进生产技术变得尤为重要。企业必须致力提供高质量的体育文化旅游产品和服务，以满足消费者对质量的日益增长的需求。体育文化旅游产业内的企业必须认识到，只有通过技术创新和优化生产流程，才能不断提升产品和服务的质量，进而保障消费者的持续消费。持续的技术创新不仅有助于增强产品的吸引力和市场竞争力，还是确保体育文旅游产业在消费市场中持续受欢迎的关键。在当今这个快速变化的市场环境中，技术创新成了确保体育文化旅游产业企业可持续发展的重要途径。

（二）基础设施影响体育文化旅游产业竞争力作用的发挥

体育文化旅游目的地基础设施建设对体育文化旅游产业发展具有重要影响。基础设施建设是体育文化旅游产业发展的重要物质基础，有助于提高体育文化旅游产业竞争力。基础设施建设更是体育文化旅游产业竞争力发挥作用的重要影响因素。以体育赛事旅游为例，国际大型体育赛事，如奥运会、足球世界杯等的举办会增加赛事举办地的客流量，这一部分客流量来自体育运动爱好者，也包括其他旅游者。大量游客的涌入势必会给赛事举办地的交通、住宿、饮食、购物、安保等带来一系列的压力，这就体现了基础设施建设的重要性。举办地良好的基础设施不仅可以确保体育赛事的顺利开展，还能为赛事举办地体育文化旅游产业的发展以及与体育文化旅游产业相关的其他产业，如住宿、餐饮业、健身娱乐业的发展产生促进作用。关联产业的发展也对体育文化旅游产业产生影响。共同作用下，体育文化旅游产业竞争力总体提高。

四、资本要素

在体育文化旅游产业发展的过程中，资本要素是非常关键的要素之一，它也是提升体育文化旅游产业竞争力的关键要素。一般来说，体育文化旅游产业市场的资本要素主要包括以下内容，如图6-2-2所示。

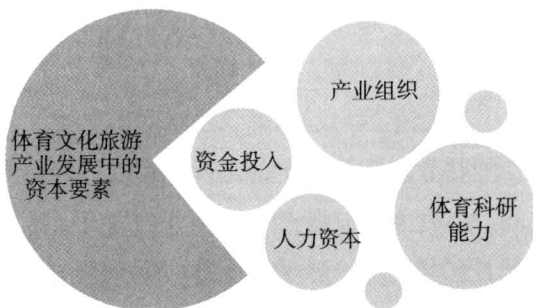

图6-2-2　体育文化旅游产业发展中的资本要素

（一）资金投入

体育文化旅游产业的成功运作和发展依赖多种要素，包括旅游场地的建设、旅游资源的开发以及旅游设施设备的引进，这都需要大量的资金支持。资金在推动体育赛事和旅游活动的顺利进行中扮演着至关重要的角色，没有足够的资金，许多体育文化旅游项目很难成功开展。因此，为了促进体育产业市场的建设和发展，不断吸纳社会资金成为必要的途径。除此之外，政府的财政和税收支持也是不可或缺的。政府支持可以通过各种方式实现，如提供财政补助、税收减免或投资优惠政策等。这将有助于为体育产业市场的建设和发展提供稳定且充足的资金来源，从而保证体育文化旅游产业的健康、可持续发展。

（二）人力资本

进入 21 世纪，人才在推动社会各项事业发展中的作用愈发凸显。在体育文化旅游产业体系中，人力资源是发展的根本动力，包括产业经营者、消费者及其他相关人员。他们的参与和贡献对推动体育文化旅游产业的发展至关重要。因此，为了进一步增强体育文化旅游产业的竞争力，重视并加强人力资源的建设与发展变得尤为关键。这不仅涉及提升产业从业人员的专业技能和服务水平，也包括了解和满足消费者的需求及期望。管理者通过培训、教育和人才引进等方式，可以有效提升整个产业的人力资源水平，从而为体育文化旅游产业的长期健康发展提供坚实的人才支持和智力保障。

（三）产业组织

中国的体育产业尽管取得了一定的进步，但在发展空间和潜力方面仍有较大的提升空间。体育文化旅游产业竞争力的提升，本质上是产业组织能力在市场资源配置和利用上的科学运作。一个完善的产业组织对体育文化旅游产业市场的发展和竞争力的提升起到关键性的作用。它涉及资源的有效整合、市场策略的精准制定以及创新能力的持续提升。因此，对于体育文化旅游产业来说，建立和完善产业组织，优化资源配置，强化市场导向和创新驱动，是提升产业竞争力和市场表现力的重要途径。

（四）体育科研能力

一个国家的科研水平对其体育产业的技术创新和竞争力提升有着深远影响。随着科学技术在社会各领域作用的日益增强，体育文化旅游产业的发展也越来越依赖科技进步。为了促进体育文化旅游产业的发展，加大体育科研的投入和加强创新工作显得尤为关键。这不仅对于构建和扩大体育文化旅游产业市场具有重要意义，也是其长期发展和竞争力提升的基础。体育文化旅游产业的发展在很大程度上依赖现代科技的支持和推动。无论是在产业规划还是市场开拓方面，强大的科研力量都是不可或缺的。科研创新不仅能够提供新的技术和方法，还能够推动新产品和服务的开发，从而满足市场的不断变化和需求。因此，为了保证体育文化旅游产业的良好发展态势和提升其市场竞争力，必须加强科研投入和对从业人员创新能力的培养。

五、政府

政府在推动体育文化旅游产业集群发展中扮演着至关重要的角色，其指导作用体现在多个方面。首先，政府能够通过制定合理的政策和法规，为体育文化旅游产业集群的发展创造一个有利的法律和政策环境。这包括提供税收优惠、财政补贴、土地使用权便利等措施，以降低企业的运营成本和鼓励产业创新。其次，政府可以通过投资基础设施建设，如交通、通信和公共服务设施等，增强体育文化旅游目的地的可达性和吸引力，进而促进旅游产业集群的发展。最后，政府可以通过教育和培训项目，提升产业人才的专业技能和服务水平，增强产业集群的整体竞争力。通过这些措施，政府不仅能够促进体育文化旅游产业集群的健康发展，还能够带动相关产业的成长，从而形成产业联动效应，推动区域经济的全面发展。因此，政府的积极介入和有效管理对于保证体育文化旅游产业集群的顺利发展具有不可替代的作用。

第三节　全面提升体育、文化与旅游产业集群竞争力的对策

一、充分发挥政府职能作用，提升政府调控力

政府在提升体育、文化与旅游产业集群竞争力方面起着关键作用。政府的产业政策对体育文化旅游产业的发展进程具有促进作用。加强政府的宏观调控是体育文化旅游产业集群竞争力的重要内容。

政府应加强体育文化旅游产业布局规划。政府在进行产业布局规划时，应考虑到地域特色、文化资源和经济发展水平的差异。这意味着政府需要对不同地区的体育、文化和旅游资源进行深入分析，找出各自的优势和特色，以作出最适合当地发展的规划。例如，拥有丰富自然景观的地区可以重点发展生态旅游和户外体育活动，历史文化资源丰富的地区则可以着重发展文化旅游和文化产业。此外，政府在制定产业政策时，应注重长远规划和可持续发展，如促进产业的多样化发展，避免过度依赖单一产业或市场。

政府应加大对体育文化旅游产业发展的扶持力度。加大扶持力度意味着政府需在多方面给予体育、文化和旅游产业更多的支持。首先，政府可以通过财政补贴和税收减免的方式，降低企业的运营成本，鼓励企业投资新技术和创新服务模式。这不仅有助于提高行业的服务质量，还能激发市场活力，吸引更多的投资。政府对体育、文化和旅游产业的扶持还应包括推动产业之间的协同发展。例如，将体育赛事与文化活动结合，或者将旅游资源与地方文化相融合，可以创造出独特的体验，吸引更多的国内外游客。这种跨领域的整合不仅可以提升体育文化旅游产业集群的吸引力，还

能够激发新的经济增长点。

政府应加强监督管理，完善体育文化旅游经营活动的服务规范和从业标准。政府加强监督管理能够确保行业内的所有活动都符合法律法规。这包括监管市场行为、避免不正当竞争和价格操纵等不法行为。例如，在旅游领域，政府可以通过监督酒店和旅游服务提供商的价格设定来防止高额收费和欺诈行为。在体育和文化领域，政府的监督可以确保活动的公平性和透明度，如确保体育比赛的公正裁判和文化产品的版权保护。政府在制定和实施监管措施时，需要与行业内的企业和专业人士进行广泛沟通。通过听取行业内部人士的意见和建议，政府能够更好地理解行业的实际需求和挑战，从而制定出更加切合实际的政策和标准。

二、提高体育文化旅游产品营销水平，增强企业竞争力

创新营销和宣传方式。随着信息技术的飞速发展，网络化、数字化已成为新时代营销的主流趋势。在这一背景下，体育文化旅游产业应摒弃传统的以旅行社为主的单一营销渠道，转向基于网络的供需双方直接对点营销，更加精准地满足消费者的个性化需求，同时降低营销成本，提升效率。利用社交媒体、移动应用、在线平台等现代信息技术手段，企业可以实时发布最新的体育赛事、文化活动和旅游信息，通过互动和社交网络的力量，扩大其影响力和受众范围。因此，充分利用现代信息技术，创新体育文化旅游产业的营销和宣传方式，是提升其竞争力和增加市场份额的关键。

完善体育文化旅游产品结构，进一步丰富产品系列。体育文化旅游产业正面临着日益增长的市场需求，同时面临着消费者需求日趋多样化的挑战。为了满足不同消费者的需求，加强体育文化旅游产品的多元化开发成为行业发展的必然选择。体育文化旅游产品的多元化开发意味着要从单一的旅游产品和服务，扩展到提供涵盖多种体育活动、文化体验和旅游服务的综合性产品。例如，结合体育赛事和文化节庆活动，设计出独特的旅游产品，可以吸引那些对体育和文化感兴趣的游客。此外，针对不同年龄

段、不同兴趣爱好的人群，设计特色化、个性化的旅游线路和服务，也能更好地满足市场的多样化需求。

重视企业产品技术创新。首先，技术创新在节约劳动力方面发挥着重要作用。例如，网络售票系统的引入大大减少了售票过程中的人力需求，同时为消费者提供了更为便捷的购票体验。这种自动化和数字化的解决方案不仅提高了销售效率，还提升了客户满意度。此外，通过使用智能管理系统，企业可以在各个业务环节减少人力投入，如自动化的客户服务、智能化的库存管理等，从而降低人力成本。其次，在资本节约方面，技术创新同样至关重要。以多功能体育场馆为例，通过创新设计，这些场馆不仅能够承办体育赛事，还可以用于举办文化活动、社交聚会等多种活动。多功能性使得场馆的使用率和盈利能力大幅提升，避免了闲置资产所带来的浪费。此外，利用先进的建筑技术和材料，可以降低建筑和维护成本，进一步提升资本的使用效率。

三、优化体育文化旅游专业人才队伍，夯实要素供给力

重视对体育文化旅游产业各类管理人才、专业人才的培养。体育文化旅游产业的多样性要求管理人才不仅要具备基本的管理知识和技能，还需对行业特有的运营模式和市场动态有深入了解。例如，旅游业管理者需了解旅游市场的季节性波动、文化活动的组织和推广，体育行业管理者则需熟悉体育赛事的运作和体育市场的特点。因此，培养具备行业特定知识的管理人才对提高决策的有效性和前瞻性至关重要。此外，专业人才，如导游、教练、文化活动策划者等，是这些产业的核心。他们直接与消费者互动，影响着消费者的体验和满意度。因此，对这类人才进行专业技能和服务意识的培养是提升整个产业服务质量的基础。

重视发挥高校人才教育和培养优势。随着体育、文化和旅游产业的快速发展，其对相关专业人才的需求日益增长。因此，鼓励高等院校开设体育文化旅游相关专业或增开相应课程显得尤为重要。这样不仅可以为学生提供更多样化的学习选择，还能够培养具备行业所需专业知识和实践技能

的人才。通过专业课程的学习，学生可以掌握体育管理、文化产业经营、旅游市场分析等方面的知识，为将来进入这些行业打下坚实的基础。同时，高校可以通过与企业合作，为学生提供实习机会，使其能够在实践中学习和应用所学知识，增强实战经验和职业技能。

适时依托旅游教育培训中心进行体育文化旅游人才培训。旅游教育培训中心作为专业培训机构，能够为体育文化旅游行业提供针对性的、实践性强的培训，从而提高从业人员的专业能力和服务水平。通过旅游教育培训，可以针对体育文化旅游产业的具体需求，为从业人员设计和提供各类培训课程。这些课程不仅包括基本的旅游服务和管理知识，还应涵盖更为专业的内容，如体育赛事组织、文化活动策划、旅游市场营销等。这样的培训不仅有助于提升员工的技能水平，还能够帮助他们更好地适应行业的发展和市场的变化。此外，旅游教育培训中心还可以为体育文化旅游行业的人才提供一个交流和学习的平台。通过组织研讨会、工作坊和实地考察等活动，参训人员不仅可以学习到先进的理念和技术，还能够与同行交流经验，拓宽视野，从而促进整个产业的创新和发展。

四、开拓国内外体育文化旅游市场，调动市场需求力

（一）国内体育文化旅游市场的开拓

着力发展国内体育文化旅游市场。在当前全民健身计划的推行背景下，着力发展国内体育文化旅游市场显得尤为重要。第一，了解市场需求。市场需求分析是指导体育文化旅游产品和服务设计、制定营销策略的基础。了解市场需求不仅包括对游客旅游目的地的偏好、旅游方式的选择、消费能力等方面的认识，还涉及对游客期待的服务质量、文化体验深度、个性化需求的洞察。要准确地了解市场需求，可以采用市场调查、消费者访谈、数据分析等多种方法。通过这些方法收集和分析信息，可以帮助旅游策划者和服务提供者更准确地把握市场趋势，设计符合市场需求的产品和服务。第二，加大体育文化旅游的宣传力度，通过多种渠道和方式

提高大众对体育文化旅游的认知和兴趣。如利用传统媒体和新媒体平台宣传体育文化旅游的魅力和好处，展示丰富多彩的体育活动和文化旅游目的地，从而吸引更多人的关注和参与。第三，培养体育文化旅游的群众基础也至关重要。政府和相关机构可以通过组织各类体育活动、文化节庆和旅游体验活动，鼓励家庭和个人参与其中。例如，举办社区体育赛事、文化展览、旅游推广活动等，这不仅能够增加居民对体育文化旅游的兴趣，还能提高他们的参与度。第四，倡导家庭和个人投资体育健身。政府可以通过提供政策支持和引导，如税收优惠、体育设施建设支持等，鼓励民众在家庭和个人层面投资体育健身设施和活动，不仅能增强民众的健康意识，还能拓宽他们的体育消费领域。第五，培育体育文化旅游专业人才。高校可以积极开设相关课程和专业，结合体育、文化和旅游管理等领域的知识，为学生提供系统的教育和培训。这不仅包括理论知识的学习，还应包括实践技能的培养，如导游技能、活动策划、客户服务等。此外，旅游企业和相关机构应定期举办培训课程，帮助在职人员更新知识、提升技能，以适应市场的变化和需求。

（二）国外体育文化旅游市场的开拓

在全球化时代背景下，体育文化旅游已成为连接不同国家和文化的重要桥梁，为推动国际交流与合作提供了新的平台。为了开拓国外体育文化旅游市场应做到：第一，重视市场准入和法律法规因素。不同国家对旅游业的管理政策和法律规定各不相同，这就要求企业在进入新市场时必须遵守当地的法律法规。同时，对于国际旅游市场的准入门槛、税收政策、商业环境等也需要有充分的了解和准备。第二，适度开发国际体育文化旅游市场。政府和体育文化旅游产业企业，均应积极参与国际体育文化旅游宣传推广，认真分析全球旅游市场形势，对不同国家和地区的旅游偏好、文化背景和市场需求有深入的了解，制定针对性的宣传策略，针对不同客源市场加大宣传力度，以更加精准的方式吸引目标群体。第三，政府和体育文化旅游产业企业要打造具有中国特色的体育文化旅游产品和服务，如展示中国传统体育项目，如太极、武术，推广具有中国特色的文化旅游活动，如春节庆典、中秋节庆等，不仅能够提升国际游客的旅游体验，还能提高中国文化的国际影响力。第四，产品和服务的本地化。旅游产品设计时需考虑到吸引特定国家游客的元素，如在产品中加入当地文化元素，以此提升吸引力和亲和力。同时，提供多语言服务，克服语言障碍，提高游客的体验感和满意度。此外，餐饮是文化的重要组成部分，也可以提供符合当地口味和饮食习惯的餐饮服务。

第七章 体育、文化与旅游产业融合发展的效益评价

第一节 体育、文化与旅游产业融合发展的效益评价概述

一、体育、文化与旅游产业融合发展效益评价的内涵

效益评价指的是对一个项目、政策或活动的总体效果进行系统的分析和评价。在体育文化旅游产业的融合发展中，效益评价主要是评估融合后产生的直接和间接效果，包括经济效益、政治效益、社会效益、生态文明效益等。体育文化旅游产业融合评价通常包括定量和定性两种方法，旨在全面了解融合对社会经济和文化环境的影响。体育、文化与旅游产业融合发展效益评价的目的主要包括以下几点：一是为政策制定者和管理者提供重要的信息和依据，帮助他们作出更加合理和高效的决策。二是通过效益评价，客观地展示融合发展取得的成果，包括经济收益、社会影响和文化贡献等。三是识别当前产业融合发展过程中的问题和挑战，并提出相应的

解决方案和改进措施。四是不断改进和创新融合发展模式，确保其适应不断变化的社会经济环境。

二、体育、文化与旅游产业融合发展的效益评价的理论基础

（一）交易成本理论

交易成本理论是由经济学家罗纳德·哈里·科斯（Ronald H. Coase）提出的，它主要关注企业和市场之间的交易成本问题。在体育、文化与旅游产业融合发展的效益评价中，交易成本理论提供了一个理解和分析产业融合过程中成本效益的有力框架。

交易成本理论主要关注的是在交易过程中产生的各种成本，包括搜索和信息成本、谈判和决策成本以及监督和执行成本等。在体育、文化与旅游产业的融合中，这些成本体现在寻找合适合作伙伴、制定合作协议以及确保合作顺利进行的各个阶段。例如，一个文化节庆活动想要引入体育元素，就需要投入时间和资源去寻找可合作的体育组织，商议合作条款以及监督合作执行的过程。交易成本理论还强调不确定性和频率对交易成本的影响。不确定性高的交易通常需要更多的努力来协调和管理，以减少风险和不确定性带来的成本。在体育、文化与旅游产业的融合中，这种不确定性可能源自市场需求的变化、政策环境的调整或技术的发展。因此，评价融合发展的效益时，需要考虑如何通过改进协作机制和增强适应性来降低这种不确定性。

（二）利益相关者理论

利益相关者理论最初由爱德华·弗里曼（Edward Freeman）于1984年提出，是现代企业管理和企业伦理领域的一个核心概念。在体育、文化与旅游产业融合发展的效益评价中，利益相关者理论提供了一个全面的框架，用于分析和评估融合活动对各个利益相关者的影响。利益相关者理论的核心观点是企业的成功不仅取决于股东的利益满足，还取决于其他利益

相关者的利益和需求是否得到满足。这些利益相关者包括员工、客户、供应商、政府、社区和环境等。在体育、文化与旅游产业融合发展的背景下，这意味着评价不仅要考虑经济回报，还要考虑社会、文化和环境等多个维度的影响。

从利益相关者的角度出发，评价体育、文化与旅游产业融合的效益需要考虑以下几个方面：经济效益，对于投资者和企业经营者来说，融合发展的经济效益是重要的考量因素。这包括旅游收入的增加、就业机会的创造以及相关产业链的发展等。社会效益，社会效益关注融合活动对社区和社会结构的影响。例如，体育和文化活动的融合是否增强了社区的凝聚力，是否提升了居民的生活质量，是否促进了社会包容性和多样性。文化效益，从文化的角度来看，评价需要考虑融合活动对地方文化传承和创新的影响。这包括对地方文化特色的保护和推广以及对文化多样性的维护。环境影响，考虑融合活动对自然环境的影响，包括旅游活动的生态足迹、体育设施建设的环境影响等。

（三）可持续发展理论

从经济可持续性的角度出发，评价体育、文化与旅游产业融合发展的效益需要考虑其对经济增长和长期繁荣的贡献。这涉及评估融合活动如何创造新的就业机会、促进地区经济发展以及提高税收收入。例如，一个成功的体育赛事可能带来大量的游客，刺激当地的旅游业和相关服务业的发展，从而为地方经济带来长期的益处。从社会可持续性的角度出发，评价工作需要关注融合发展对社会结构、文化多样性和社区福祉的影响。这包括评估体育、文化和旅游活动如何促进社会融合、增进民众对文化遗产的了解以及提升社区生活质量。例如，组织文化节庆活动，不仅可以展示地方文化，也有助于增强社区成员之间的联系和认同感。从环境可持续性的角度出发，在评价体育、文化与旅游产业融合发展的效益时，必须考虑其对自然环境的影响，包括资源使用、废物管理和生态影响等。例如，评价需要考察旅游活动是否导致了过度的资源消耗或环境破坏，并寻找降低这些负面影响的方法。

三、体育、文化与旅游产业融合发展效益评价的功能

体育、文化与旅游产业的融合发展效益评价是一个关键的过程，它的主要功能在于全面衡量体育文化旅游融合对经济、社会、文化及环境等多个层面的影响，其功能主要体现在以下几方面，如图 7-1-1 所示。

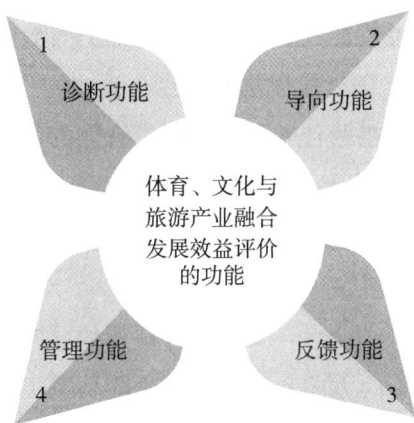

图 7-1-1　体育、文化与旅游产业融合发展效益评价的功能

（一）诊断功能

体育、文化与旅游产业融合发展效益评价的诊断功能不仅有助于识别当前融合进程中的问题和挑战，还能提供改进的依据和方向。诊断功能的主要目的是评估体育、文化与旅游产业融合发展的当前状态和效果。通过产业融合效益评价，可以了解融合进程是否达到预期目标，是否存在偏差，并且识别可能的问题。这种效益评价的诊断功能不仅涉及经济层面，如收入增长、就业机会的提供等，也涉及社会和文化层面，如社会参与度、文化活动的丰富程度等。

在经济层面，诊断功能帮助人们理解体育、文化和旅游的融合对地区经济的具体影响。例如，人们可以通过分析旅游收入、体育活动带来的直

接和间接就业机会以及相关产业链的发展情况来评估融合的经济效益。这种分析有助于识别哪些领域是融合发展的强项，哪些领域还需进一步发展和优化。在社会层面，诊断功能涉及评估融合如何影响社会结构和关系。这包括了解体育、文化活动和旅游项目是否增强了社区的凝聚力，是否促进了社会包容性和多样性。例如，可以通过社会调查来了解居民对于体育和文化活动的参与度以及这些活动如何影响他们的生活质量和社区关系。在文化层面，诊断功能帮助人们评估体育、文化与旅游的融合如何影响文化的传承和创新。这包括了解不同文化活动如何与旅游产品相结合以及这种结合是否促进了地方文化的保护和发展。通过对文化活动的深入分析，可以识别哪些文化元素在融合过程中得到了有效的保护和弘扬，哪些元素还需要更多的关注和支持。

（二）导向功能

体育、文化与旅游产业融合发展效益评价的导向功能在于为这三个领域的融合发展提供明确的方向和目标。与诊断功能主要关注评估现状和识别问题不同，导向功能更多着眼于用评价结果来指导未来发展方向。

1. 确定融合发展的战略方向

在体育、文化与旅游产业融合发展效益评价中，通过分析不同融合模式和实践的效果，揭示哪些做法产生的效果更加显著，哪些领域需要创新和改进。评价结果对于未来发展规划至关重要，因为可以指引资源和努力的投入方向，确保这些投入能够产生最大的效益和影响。例如，如果评价结果显示将特定的文化节庆活动与体育赛事结合起来，能够显著提升旅游的吸引力和带来经济回报，这对于未来规划极为重要，意味着管理者和决策者可以在此类融合活动上投入更多资源和注意力。这不仅增强了旅游目的地的吸引力，还能带动当地经济的增长，同时为当地居民提供就业机会，促进社区发展。产业融合效益评价可以保证体育、文化与旅游产业的融合不再是盲目和随机的，而是一种有方向、有目的的战略行动，旨在最大化利用每一次融合的机会，创造更大的社会和经济价值。

2. 提高利益相关者的参与度和满意度

体育、文化与旅游产业融合发展效益评价的导向功能在于提升利益相关者的参与度和满意度，这是实现融合成功的关键因素。通过评价过程，管理者可以深入了解不同群体对融合发展的看法、反馈和需求，使得策略制定者能够调整和优化他们的策略，以更好地满足不同利益相关者的期望。例如，如果评价发现某个地区的居民对旅游发展带来的文化冲击表示担忧，管理者可以调整策略，更多地强调文化保护和可持续旅游。这不仅有助于提高项目和政策的社会接受度，还有助于构建一个更加包容和参与性的发展环境。参与度的提高意味着利益相关者更积极地参与到决策和实施过程中，进而带来更好的项目结果和更高的满意度。

（三）反馈功能

体育、文化与旅游产业融合发展效益评价的反馈功能更多地集中于利用评估结果来调整现有实践，确保融合发展能够有效应对挑战，实现预设目标。这一功能确保产业融合发展能够有效应对挑战，不断提升其社会、文化和经济效益。

1. 促进对环境与需求的适应

在体育、文化与旅游产业融合发展效益评价中，评估提供的反馈不仅是衡量当前成就和识别改进领域的工具，还是一个促进组织持续学习和适应的动力源。这种反馈机制使得组织能够根据实际经验和市场反应不断调整其策略和行动，如通过对旅游市场趋势的评估反馈，组织可以学习如何更好地结合体育和文化资源以吸引不同类型的游客，包括调整营销策略、引入新的文化活动或改善旅游服务等。同时，良好的反馈帮助组织识别那些需要进一步发展或强化的内部能力，如员工培训、技术升级或服务流程改进。由此一来，组织不仅在实际操作层面上进行改进，也能在战略层面上适应不断变化的环境和市场需求。

2. 增强员工的责任感

在体育、文化与旅游产业融合发展效益评价中，通过将评估结果分享给组织内部的员工和利益相关者，可以使他们更加清晰地理解自己的工作对于整体融合发展成果的影响。信息的透明性、共享性不仅提升了员工的认知水平，还增强了他们的参与感和责任感。员工能够看到自己的努力和贡献如何转化为实际的成果，这在很大程度上提升了他们的工作满意度和投入度。与此同时，了解评估结果能激发员工的创新思维。例如，当员工了解到某些特定的创新做法或策略在促进产业融合中取得了成功时，可能会从中受到启发，在自己的工作中尝试类似的方法或提出新的创意，这对于推动组织的持续改进和发展至关重要。此外，开放性的反馈流程也有助于促进团队之间的有效沟通和协作，每个员工都能更好地理解团队的共同目标和个人如何为实现这些目标作出贡献。

（四）管理功能

体育、文化与旅游产业融合发展效益评价的管理功能指的是根据评价结果来优化融合过程的管理。管理功能确保了评价结果能够被实际应用于决策和管理实践中，从而推动产业融合向着更加高效、协调和可持续的方向发展。体育、文化与旅游产业融合发展效益评价的管理功能主要体现在以下几方面。

1. 促进内部和外部沟通

通过明确的评价结果，管理者能够向政策制定者、利益相关者和公众有效地传达融合发展的进展情况和取得的成果。这种沟通不仅提供了一个透明的窗口，让所有相关方都能够看到融合进程中的实际效果和挑战，还有助于在各方中建立和增强信任。例如，通过定期发布评价报告和进展更新，管理者能够向政策制定者展示他们的策略如何转化为具体成果，向利益相关者展示他们的投入和支持如何产生实际效益，同时向公众证明项目对社会和经济的积极贡献。这种透明和开放的沟通方式能够为未来的发展创造一个更加稳固的基础。因此，在体育、文化与旅游产业融合发展中，效益评价的管理功能通过促进有效沟通，不仅提升了项目的可信度和透明度，也为建立稳定且富有成效的协作关系奠定了基础。

2. 监控和质量控制

通过对体育、文化与旅游产业融合发展效益进行持续的评价，管理者能够实时监控项目的进展，确保各项活动和措施能够按计划执行，并达到预期的效果。这种持续监控的机制允许管理者及时发现偏离目标或预期标准的情况，并迅速采取行动进行纠正。例如，如果评价结果显示某个体育文化旅游项目未能达到既定的游客满意度目标，管理者可以立即调查原因，并调整服务或运营策略。对体育活动与旅游产品的融合效果的持续评估，可以帮助管理者及时优化活动安排和资源配置，确保最大化开发各方面的潜力。这不仅关乎项目执行的效率和效果，也直接影响到整个融合发展计划。通过科学的效益评价，可以保持项目始终处于最佳状态，同时提供持续改进的机会，确保融合发展能够适应不断变化的环境，达成其长期的战略目标。

3. 提高效率和效能

体育、文化与旅游产业融合发展效益评价结果为管理者提供了关于当前运营流程、员工绩效和顾客满意度的宝贵信息，使得管理者能够识别并解决影响效率和效能的问题。例如，评价可能揭示出特定的行政或运营流程存在效率低下的问题，如过时的技术使用、不必要的过程步骤或资源分配不均。这些洞察使得管理者能够有针对性地调整流程，如简化程序、引入更现代的技术解决方案或重新配置资源和人员。效益评价可以指出员工的工作模式或技能需要改进以提高整体绩效，管理者据此可以提供更有针对性的培训或职业发展机会。除此之外，通过对顾客反馈的分析，管理者能够更好地理解顾客的需求和期望，进而调整服务或优化产品质量来提高顾客满意度。这不仅提升了融合项目的效率和效能，也增强了顾客的忠诚度和整体项目的吸引力。

第二节　体育、文化与旅游产业融合发展的效益评价原则

体育、文化与旅游产业的融合发展效益评价是一个复杂而多维的过程，为保证评价的有效性，需要遵循一些基本原则，如图 7-2-1 所示。

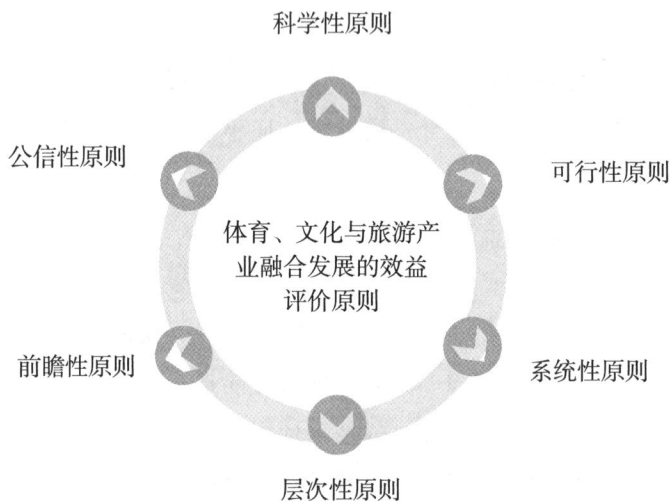

科学性原则

公信性原则

可行性原则

体育、文化与旅游产业融合发展的效益评价原则

前瞻性原则

系统性原则

层次性原则

图 7-2-1　体育、文化与旅游产业融合发展的效益评价原则

一、科学性原则

（一）评价要建立在成熟理论体系基础之上

在进行体育、文化与旅游产业融合发展的效益评价时，要基于成熟的理论体系，如交易成本理论、利益相关者理论、可持续发展理论，以确保评价过程的逻辑严密和理论正确。基于科学的理论，不仅能够获得多角度的评价视野，还能够确保评价结果的科学性和实用性，为体育、文化与旅

游产业融合发展的决策提供有力的理论支撑。

（二）以大量数据作为支撑

在体育、文化与旅游产业融合发展的效益评价过程中，需收集与分析大量相关数据，如游客数量、经济收入、社会影响等，以确保评价结果的准确性和客观性。

例如，游客数量的数据可以反映旅游活动的吸引力和市场规模，经济收入数据则能量化旅游活动对当地经济的贡献。社会影响的数据，如居民满意度、文化传承状态等，有助于评估融合产业对社会和文化的长期影响。通过对这些数据的系统收集和分析，可以总结趋势、评估效益并为决策提供支持。这不仅需要广泛而深入的数据搜集，还需要运用高级的统计分析技术，如相关性分析、趋势预测等，来确保数据解读的准确性。数据驱动的方法使评估过程更加客观、降低主观判断的偏差，从而提升评价的科学性和可靠性。

（三）选择科学的评价方法

科学性还体现在评价方法的选择上。应用统计分析、案例研究、比较研究等方法，可以帮助人们更准确地理解和评估融合发展的效果。统计分析通过定量数据来揭示趋势、关联性和因果关系。

例如，利用回归分析可以评估特定活动对旅游收入的具体影响。案例研究方法允许对特定实例进行深入分析，提供对复杂现象的详细理解，如分析某个城市如何成功地将文化活动和体育赛事融合以吸引游客。比较研究方法通过对不同案例或时间段的比较，能够揭示不同策略或条件下的效果差异，如比较不同城市在融合体育、文化与旅游产业时的策略和成效。科学评价方法的应用能够提供多角度的视野，帮助人们更准确地理解和评估融合发展的效果。

二、可行性原则

（一）考虑地域特色与差异性

不同地区在自然资源、文化遗产、经济发展水平以及社会习俗等方面都存在显著差异，这些因素直接影响体育、文化和旅游资源的开发和利用。因此，评价原则必须充分考虑到这些地域特色，以确保评价方案的适应性和有效性。例如，一个有丰富自然景观的山区，其旅游发展可能更侧重生态旅游和户外体育活动，而一个历史文化资源丰富的城市，则可能更加注重文化遗产的保护和文化旅游的发展。评价方法和标准需要根据这些特点进行调整，以确保评价结果能准确反映不同地区的发展效益。此外，还需考虑到当地居民的接受度和参与度。地区特有的社会习俗和文化价值观可能会影响当地居民对某些旅游或体育活动的态度，这在评价过程中是一个不可忽视的因素。评价时还需考虑到当地的经济条件和基础设施建设情况，因为这些因素直接影响到项目的可行性和持续性。

（二）多元利益相关者的参与

在体育、文化与旅游产业融合发展的效益评价中，要考虑多元利益相关者的参与，在评价过程中，需要综合考虑政府、企业、游客以及当地社区等各方的需求和预期。政府作为政策制定者和监管者，主要关心的是项目对地区经济发展和社会稳定的影响；企业更注重项目的经济收益和市场潜力；游客更关注的是旅游体验的质量和多样性；当地社区更关心项目对当地居民生活质量和文化传承的影响。基于此，评价过程不仅要量化经济效益，如收入增长和就业机会，还要考虑社会和文化效益，如社区参与度和文化保护。通过广泛听取不同利益相关者的意见，评价能够更全面地反映项目的多方面影响，增强评价的公信力和可接受性。例如，通过问卷调查、访谈和社区会议等方式收集不同群体的反馈和意见，可以帮助评估者更深入地了解各方的需求。

三、系统性原则

（一）从整体出发

系统性原则要求评价者从整体上考虑体育、文化与旅游产业的融合，分别评估每个产业的效益，分析这些产业相互作用和协同发展时产生的综合效益。体育活动可以吸引游客，增加旅游收入，同时提升地区文化的知名度；文化活动能够丰富旅游体验，提升旅游目的地的吸引力；旅游业的发展又为体育和文化活动带来了更广泛的观众和参与者。这种相互作用形成了一个相互促进和增值的循环，不仅增加了单一产业的收入，提高了影响力，还促进了地区整体的经济和文化发展。因此，在进行效益评价时，需要从整体出发，如系统动力学模型或综合影响评估，来捕捉这些相互作用和综合效应。

（二）多维度分析

在体育、文化与旅游产业融合发展的效益评价中，系统性原则强调多维度分析的重要性，这包括经济、社会、文化和环境等多个层面。从经济维度看，评价需要考虑融合产业对就业、收入、投资回报等的影响。例如，体育赛事如何促进旅游业增长，文化活动对地方经济的直接和间接贡献等。社会维度的分析关注融合产业对社区凝聚力、身份认同、社会包容性等方面的影响，如旅游活动如何影响当地社区的生活质量，体育活动如何促进社会融合。文化维度的分析重点在于评估融合产业对文化遗产保护、文化多样性和文化创新的贡献，如旅游发展如何促进对地方文化的保护和传播，体育赛事如何成为展示地方文化特色的平台。环境维度涉及融合产业对自然环境的影响，包括可持续旅游的实践、体育活动对生态系统的影响等。通过多维度的分析，可以更全面地理解融合产业的综合影响，确保评价覆盖所有相关领域。

（三）关联性思考

在体育、文化与旅游产业融合发展的系统性评价中，关联性考虑强调评价过程不仅要分析每个单独要素的效益，还要深入理解这些要素如何相互作用。例如，旅游业的发展可能不仅带来直接的经济收益，还可能提高体育事件的关注度，反过来又可能吸引更多的游客，形成一个积极的循环。同样，当地独特的文化活动能够增强旅游目的地的吸引力，吸引不同兴趣的游客，这又能进一步促进文化的传播和保护，同时提高体育活动的参与度。关联性分析要求评价者不仅要理解每个单独产业的内在特点和动态，还要掌握它们之间的相互作用。例如，通过分析旅游数据、文化活动参与度和体育赛事的观众数量，可以评估这些活动如何互相促进以及它们对整体产业融合的贡献。

四、层次性原则

层次性原则在体育、文化与旅游产业融合发展的效益评价中强调，在评价过程中必须同时关注宏观和微观层面。宏观层面的评价主要集中于整个产业或地区的总体效益，如国家经济增长、社会文化发展、就业机会创造以及对地区品牌形象的提升。这种评价关注的是整体的经济规模、社会影响和文化传播等方面，反映了产业融合对更广泛社会经济环境的影响。同时，评价必须深入微观层面，考虑个别企业的盈利情况、游客的体验质量以及当地社区的具体收益。这种评价关注的是产业融合对单个实体的具体影响，如某个体育赛事或文化活动如何提高特定旅游企业的收入，或者对游客满意度和参与度的提升。微观层面的评价能够揭示个别企业或群体如何从产业融合中获益以及这些融合策略在实际执行中的效果。因此，层次性原则要求评价者在宏观和微观两个层面上进行平衡和综合考量，以全面理解和评估产业融合的效益。

五、前瞻性原则

（一）长期与短期相结合

前瞻性原则在体育、文化与旅游产业融合发展的效益评价中，要求同时考虑长期与短期的视角，确保评价既符合当前的实际情况，又能顾及未来的发展趋势。短期视角着重评估当前或近期内的效益，如立即的经济收益、短期内的游客增长或文化活动的即时影响。这种关注点有助于捕捉评价项目的直接和快速效果，是对当前策略和实施效果的直接反映。但是，仅关注短期效益可能忽视长远发展的重要性。因此，长期视角的引入至关重要。这包括对未来的趋势预测、潜在风险的评估以及持续效益的考量。

例如，评估一个旅游发展项目不仅要关注其即时增加的游客数量，还要考虑这种增长是否可持续以及其对当地社会和环境的长期影响。长期视角有助于识别和规划面向未来的策略，如考虑技术变革、市场趋势的变化以及对环境的长期影响等因素。结合长期与短期视角进行评价，能够确保评价结果既考虑到短期和具体的效益，又不失对未来发展趋势的预见性和准备。

（二）预判新机遇和挑战

前瞻性在体育、文化与旅游产业融合发展的效益评估中不仅包含对当前趋势的分析，还包括对未来可能出现的新机遇和挑战的识别。前瞻性思维是识别潜在影响并制定应对策略的关键。

一方面，数字化转型正在全方位改变产业结构和运作模式。在体育、文化和旅游产业中，数字化不仅优化了服务的效率和范围，还创造了全新的用户体验和商业模式，如虚拟旅游和在线文化体验。这些变化带来了巨大的机遇，同时伴随着对传统业务模式的挑战。另一方面，全球化趋势影响着消费者行为、市场机会和竞争环境。随着全球互联互通的加强，体育、文化和旅游产业迎来更广阔的国际市场，同时需要适应不同文化背景下消费者的多元需求。这要求体育、文化和旅游产业不仅要关注本地市场，还要拥有国际视野和竞争策略。前瞻性要求评估者能够识别并预测这些趋势，理解它们对产业融合可能产生的长远影响，从而提前准备应对策略，把握新机遇，应对潜在挑战。

六、公信性原则

公信性在体育、文化与旅游产业融合发展的效益评估中关注的是评估结果的可信度。确保评估过程的透明性是增强公信力的首要条件。这意味着评估的每个步骤，从数据收集、方法选择到结果的解释和报告，都需要明确、公开，确保所有利益相关者能够理解评估是如何进行的以及明确得出结论的依据。透明的过程有助于建立公众对评估结果的信任，减少误解和争议。增强评估结果的接受度需要公开沟通和反馈。在评估过程中，应当与各方利益相关者进行充分的交流，理解他们的观点和需求。评估完成后，应及时公布结果，并对结果进行详细的解释和讨论。这样的做法不仅能够增强评估的透明度，也有助于提升评估结果的公信力和接受度。

第三节　体育、文化与旅游产业融合发展的效益评价内容

一、对经济效益的评价

体育、文化与旅游产业融合发展的经济效益评价是重要环节，旨在量化体育文化旅游产业融合对经济增长和繁荣的贡献。对经济效益的评价主要包括以下几项内容，如图 7-3-1 所示。

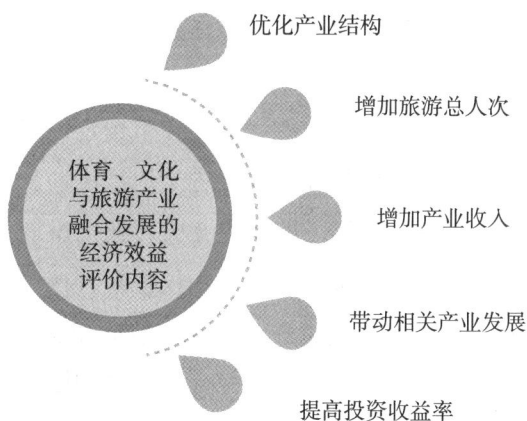

图 7-3-1 体育、文化与旅游产业融合发展的经济效益评价内容

（一）优化产业结构

在进行体育、文化与旅游产业融合发展的经济效益评价时，考量产业结构是否得到优化是一个重要内容。这种评价关注的是在体育、文化和旅游产业相互融合与互动的过程中，产业结构是否有了更合理的配置和得到了更有效的利用，是否促进了产业间的相互补充和协同发展以及这种融合是否带动了新的经济增长点。具体来说，评价的重点主要包括体育文化旅游产业融合后的市场规模变化、产业链条的延伸、新兴产业和业态的出现与发展，以及产业融合对既有产业结构的影响等。同时，会考虑产业融合如何促进了就业结构的调整和升级以及对地区经济平衡发展的贡献。因此，产业结构优化作为评价体育、文化与旅游产业融合发展经济效益的一个重要内容，可以更全面地认识融合发展对经济结构调整和升级的作用，为相关政策制定和产业发展规划提供依据。

（二）增加旅游总人次

旅游总人次是衡量一个地区旅游业发展水平的重要指标，不仅反映了旅游目的地的吸引力，还与当地经济的增长和就业机会的增加紧密相关。首先，旅游总人次的增加直接反映了旅游目的地吸引力的提升。体育、文化与旅游的融合创造了独特的旅游产品和体验，如体育赛事旅游、文化节庆旅游等，这些都能吸引更多的游客。当旅游总人次增加时，表明这些活动对游客有较大吸引力，也说明旅游目的地在市场定位和产品创新上取得了成功。其次，旅游总人次的增加可以促进当地经济增长。游客数量的增加将直接带动酒店、餐饮、交通、购物等相关行业的发展，从而提高当地的经济活动水平。这种影响是多方面的，不仅包括直接经济效益（如旅游消费收入），还包括间接效益（如就业机会的增加和税收的增长）。在评价旅游总人次增加的经济效益时，需要综合考虑多种因素。应评估旅游人次增加对相关行业（如住宿、餐饮、交通、娱乐等）的直接经济贡献；还需要考虑其对就业和税收的影响；应评估旅游总人次增加对地区品牌和形象的长期影响。

（三）增加产业收入

产业收入的增加是评价体育、文化与旅游产业融合成功与否的重要指标。产业收入的增加主要体现在与体育文化旅游相关的住宿、餐饮、交通、购物和娱乐等服务上。如体育赛事可以吸引大量的游客，游客在赛事举办地的消费将直接增加旅游产业的收入。评价旅游产业收入增加的经济效益时，可以采用以下几种方法：直接经济贡献评估，计算体育文化旅游活动直接带来的收入，如住宿、餐饮、交通和娱乐服务的收入；间接经济贡献评估，考虑体育文化旅游产业对其他相关行业（如食品供应、交通服务等）的带动作用以及由此产生的经济效益；税收贡献评估，计算体育文化旅游产业带来的税收增加，包括增值税、所得税、营业税等；长期效应评估，考虑体育文化旅游产业收入增加对地区长期经济发展的影响，包括基础设施建设、地区品牌建设等方面。

（四）带动相关产业发展

与体育文化旅游产业融合相关的产业主要包括餐饮业、酒店住宿业、交通运输业、休闲服务业等。体育、文化与旅游产业的融合不仅直接增加了旅游产业的收入，还有效地带动了相关产业的发展，创造出新的产品和服务，激发了市场活力，进而对经济产生了广泛的正面影响。评价体育、文化与旅游产业融合带动相关产业发展的经济效益时，可以从以下几个方面进行：产业链影响分析，评估旅游活动对上述产业链的影响，包括直接的服务需求增加和间接的供应链活动增长；就业效应评估，分析相关产业因旅游增长而增加的就业机会，这包括直接就业（如酒店工作人员、导游）和间接就业（如交通运输、零售业）；收入和销售增长评估，量化旅游增长带来的相关产业收入和销售额的增加。

（五）提高投资收益率

投资收益率是评估任何投资效益的关键指标，通常表示为投资回报与投入资本的比例。在体育、文化与旅游产业融合的背景下，提高投资收益率意味着这种融合带来的经济效益超过了投资成本。体育、文化与旅游产业融合通常涉及大量资本投入，如建设体育设施、文化中心、旅游基础设施等。这些投资旨在吸引更多的游客，提供更丰富的旅游体验，从而增加旅游收入。因此，评价这种投资是否有效，就需要考察投资收益率的提升。在评价提高投资收益率时，关键在于综合考核直接和间接的经济效益，重点分析投资在增加旅游收入、增加相关产业活动、创造就业机会和提高税收方面的贡献。

二、对政治效益的评价

在体育、文化与旅游产业融合发展的效益评价中，政治效益评价主要是对体育、文化与旅游产业融合所带来的政治层面的效益进行评价，关乎社会的凝聚与稳定。对政治效益的评价主要包括以下几点内容，如图7-3-2所示。

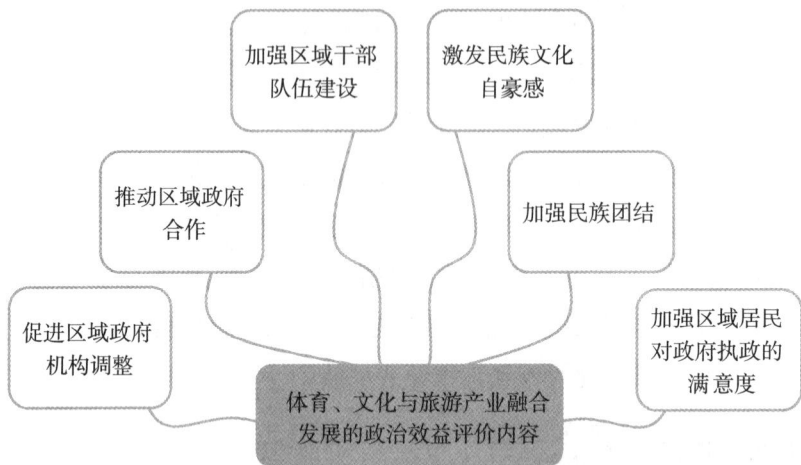

图 7-3-2 体育、文化与旅游产业融合发展的政治效益评价内容

（一）促进区域政府机构调整

区域政府机构是指在一定地理区域内负责公共管理和服务的政府部门。这些机构通常负责规划、经济发展、社会服务、环境保护、文化推广等方面的任务。体育、文化与旅游产业的融合，可以促进区域政府机构的调整和优化，以更有效地支持产业融合发展，并提升公共服务的质量。对区域政府机构调整的效益评价，可以从以下几个方面进行：优化资源配置和政策制定，为了支持体育、文化与旅游产业的融合，区域政府机构可能需要调整其资源分配和政策制定的重点；强化地方政府的创新和适应性，面对体育、文化与旅游产业的融合挑战，区域政府机构需要展现出更强的创新能力和适应性；促进政府与私营部门的伙伴关系，在体育、文化与旅游产业融合的过程中，区域政府机构可能需要与私营部门建立更紧密的合作关系，共同推动产业发展。

（二）推动区域政府合作

区域政府合作是指不同地理区域的政府间就某些共同关心的议题进行的协作和协调，如经济发展、环境保护、基础设施建设。在体育、文化与旅游产业融合中，区域政府合作尤为重要，因为这些产业往往跨越不同的地理和行政区域，需要多个政府部门的共同参与和协调。评价体育、文化与旅游产业融合对区域政府合作的推动效益时，可以考虑以下几个方面：合作机制的建立和强化，评价体育、文化与旅游产业融合是否促进了有效的合作机制建立，如跨区域的协调小组、共享平台、定期会议等，有效的合作机制可以确保不同地区政府在规划和实施项目时能够有效沟通和协调；政策一致性和协调，评价体育、文化与旅游产业融合是否促进了政策的一致性和协调，由于体育、文化和旅游活动往往跨越多个区域，因此需要各地政府在政策制定上达成一致，如旅游推广、税收优惠政策、基础设施建设等；共同项目的开展和成效，评价区域政府合作在共同项目上的实际执行情况和成效。例如，各地政府可能共同投资一个大型体育赛事或文化节，其作用不仅体现在直接的经济收入，还包括提升地区形象、增强区域凝聚力等方面；资源共享和优化利用，评价体育、文化与旅游产业融合是否促进了区域内的资源共享，包括资金、技术、人才等，有效的资源共享和优化利用可以提高项目的成效，减少重复建设和浪费；解决跨区域问题的能力，评价体育、文化与旅游产业融合是否增强了区域政府合作解决共同问题的能力，如环境保护、交通拥堵、旅游安全等问题。

（三）加强区域干部队伍建设

区域干部队伍是实施政策、管理公共资源、促进地区发展的关键力量。体育、文化与旅游产业的融合为区域干部队伍建设提出了新的挑战和要求，同时提供了发展和提升的机会。对加强区域干部队伍建设的政治效益评价，可以从以下几方面入手：知识和技能提升，体育、文化与旅游产业融合要求干部队伍具备更加多元化和综合化的知识和技能，评价时，可以考虑这种融合是否促进了干部在体育、文化和旅游管理领域的专业知识和技能提升，包括项目管理、市场营销、国际合作等方面；决策能力的增强，由于体育、文化和旅游产业的复杂性和动态性，有效的决策是成功管理这些产业的关键，评价中应考察体育、文化与旅游产业融合是否促进了干部队伍在策略制定、风险评估、资源分配等方面的决策能力提升；跨部门协作和沟通能力，由于体育、文化与旅游产业融合涉及多个部门和领域，因此加强干部队伍的跨部门协作和沟通能力至关重要，评价时，可以关注这种产业融合是否促进了不同部门之间的有效沟通和协作；伦理和社会责任感，在管理体育、文化和旅游产业时，维护伦理标准和社会责任感是非常重要的，评价时可以考察这种融合是否增强了干部队伍在伦理和社会责任方面的意识和实践。

（四）激发民族文化自豪感

对激发民族文化自豪感进行评价，有助于理解和指导未来的政策制定和项目实施，以更有效地促进民族文化的传播和发展。具体可以从以下几方面入手：文化活动的参与度，评估体育、文化活动和旅游项目在提升公众对民族文化的认识和参与度方面的效果，包括参与这类活动的人数、活动对民众文化认同感的影响评估以及这些活动在社会媒体和公共讨论中的可见度和影响力；民众认知和态度，通过问卷调查、访谈和社会调查等方法，收集民众对自身民族文化的认知和态度的数据；文化遗产保护和传承的效果，通过考察传统文化活动的保存状况、传统技艺和语言的传承情况以及年轻一代对传统文化的兴趣和参与度。

（五）加强民族团结

通过开展各种各样的体育、文化和旅游活动，不同民族的同胞有机会展示自己的文化特色，同时了解和欣赏其他文化，为建立和维持民族团结奠定良好基础。同时，体育文化旅游活动可以作为打破隔阂和偏见的工具，帮助不同背景的人们建立联系和共识。对于加强民族团结的评价，可以从以下几方面入手：分析文化交流项目的效果，评估各种文化交流活动（如文化节、体育赛事、共同旅游项目）的参与度和受众反馈，考察这些项目是否有效促进了不同民族间的互动和理解；监测社会和谐指标，通过监测社会冲突、种族歧视投诉和社会融合相关指标，评估体育、文化和旅游活动对社会和谐的影响；媒体报道和公共话语分析，分析媒体如何报道不同民族间的交流和合作以及公共话语中是否体现了增强的民族团结。

（六）加强区域居民对政府执政的满意度

体育、文化与旅游产业的融合通常会促进经济增长、文化繁荣和社会和谐，从而增强居民对政府政策和治理的积极认同。在对"加强区域居民对政府执政的满意度"进行评价时，主要是进行定期的民意调查，调查内容主要包括对公共服务、基础设施建设、文化活动和旅游发展等方面的满意度。调查结果可以为政府提供宝贵的反馈，帮助其了解和评估政策实施的效果，同时指出需要改进或加强的领域。

三、对社会效益的评价

体育、文化与旅游产业融合发展的社会效益评价主要关注的是体育文化旅游融合对社会结构、文化传承和社区发展的影响，主要包括以下几部分内容，如图 7-3-3 所示。

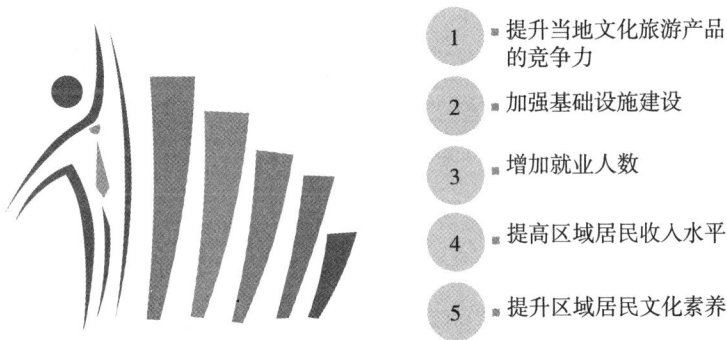

1. 提升当地文化旅游产品的竞争力
2. 加强基础设施建设
3. 增加就业人数
4. 提高区域居民收入水平
5. 提升区域居民文化素养

图 7-3-3　体育、文化与旅游产业融合发展的社会效益评价内容

（一）提升当地文化旅游产品的竞争力

文化旅游产品的竞争力是指这些产品在吸引游客、满足市场需求、创造独特体验方面的能力，它取决于产品的独特性、质量、可达性、市场定

位和创新程度。体育、文化与旅游产业的融合能够显著提升当地文化旅游产品的竞争力，因为它将不同领域的特色和优势结合起来，创造出更加多元和吸引人的旅游体验。在对"提升当地文化旅游产品的竞争力"进行评价时，可以从以下几方面入手：市场份额和增长率，评估当地文化旅游产品在市场上的份额和增长率，市场份额的提升和持续的增长率通常表明产品竞争力的增强；产品差异化和独特性，分析文化旅游产品的独特性和创新程度，包括文化活动、体育赛事、特色旅游路线等的独特卖点；经济影响，评估文化旅游产品对当地经济的贡献，包括收入增加等。

（二）加强基础设施建设

体育、文化与旅游产业的融合往往伴随着对基础设施的投资和建设，包括交通设施、住宿设施、旅游景点、文化中心和体育设施的改进或新建，这对旅游业的可持续发展至关重要，同时有助于提高当地居民的生活质量。在体育、文化与旅游产业融合的社会效益评价中，对"加强基础设施建设"的评价主要包括以下几方面：基础设施覆盖和质量评估，分析新建或改进的基础设施，如道路、交通网络、住宿设施、旅游景点、文化和体育设施的数量、质量和可达性；评估基础设施改善对旅游业的具体影响，包括游客数量、停留时间和旅游满意度的变化。基础设施的改善应能直接促进旅游业的增长。

（三）增加就业人数

体育、文化与旅游产业的融合通常会创造新的工作机会，不仅作用于直接相关的行业，如旅游服务、酒店管理、体育设施运营和文化活动组织中，也作用于间接相关的领域，如交通、餐饮、零售和建筑业中。对增加就业人数的评价主要包括以下内容：分析涉及体育文化旅游产业的就业人数变化，包括直接从业人员（如导游、酒店员工、体育教练、文化活动策划）和间接就业人员（如建筑工人、交通服务人员）的数量；就业的质量，包括工作稳定性、收入水平、工作条件等。

（四）提高区域居民收入水平

区域居民收入水平是指居民可支配收入的平均水平，它反映了当地经济发展的状况和居民生活质量。体育、文化与旅游产业的融合通过创造就业机会、促进相关行业发展和吸引投资，间接提升了当地居民的收入水平。对"提高区域居民收入水平"的评价主要包括以下内容：收入数据统计分析，通过统计和分析当地居民的平均收入数据，可以直接评估收入水平的变化，这包括比较产业融合前后的收入数据；经济增长相关指标，分析区域 GDP（生产总值）增长率、消费水平和税收收入等经济指标，以了解经济活动对居民收入水平的影响；社会福利和生活质量调查，通过社会调查来了解居民的生活质量和福利状况，包括健康、教育、住房和社会保障等方面；区域差异性分析，考虑不同区域内居民收入水平的变化，以评估产业融合产生的影响是否均衡。

（五）提升区域居民文化素养

居民的文化素养指的是居民在文化认知、欣赏、参与和创造方面的能力和水平。这包括对本地及全球文化遗产的了解、对艺术和文化活动的兴趣和参与度以及在日常生活中展现的文化理解和尊重。体育、文化与旅游产业的融合可以通过提供多样化的文化体验和学习机会，增强居民的文化参与和认识，从而提升他们的文化素养。对"提升区域居民文化素养"的评价主要包括以下内容：文化活动的多样性和包容性，考察区域内文化活动的多样性和包容性，包括不同文化的展示和参与；公共文化设施的可达性和利用率，评估文化设施如图书馆、博物馆、艺术中心的可达性和利用率；对文化的兴趣，通过问卷调查、访谈等方式收集居民对文化活动的态度和意见，了解他们对文化的兴趣；对跨文化交流的认识，评估当地居民对跨文化交流的认识和参与程度，如国际艺术展览、跨国文化节等。

四、对生态文明效益的评价

体育、文化与旅游产业融合发展的生态文明效益评价着重评估体育、文化与旅游产业融合对环境保护和生态平衡所造成的影响，主要包括以下几点内容，如图 7-3-4 所示。

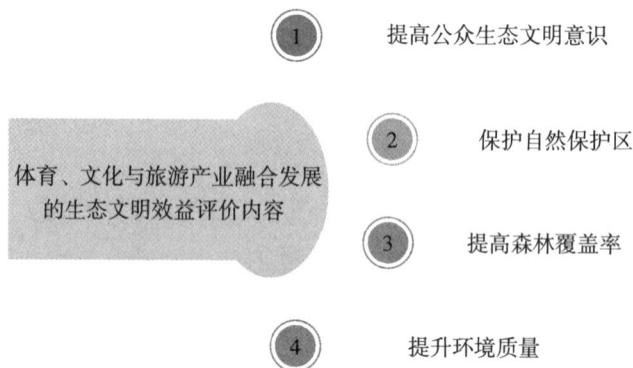

图 7-3-4　体育、文化与旅游产业融合发展的生态文明效益评价内容

（一）提高公众生态文明意识

生态文明意识是指公众对生态环境保护的认知、重视程度以及在日常生活中实践可持续生活方式的意识。体育、文化与旅游产业的融合发展，为提高公众生态文明意识创造了良好条件。对"提高公众生态文明意识"的评价可以从以下几方面入手：教育和宣传活动的效果，评估各种生态环境教育和宣传活动的覆盖范围和效果，包括公共讲座、教育项目、宣传资料以及媒体报道的影响力；公众生态文明意识和态度，通过问卷调查、访谈等方式收集公众对生态环境保护的认识和态度，了解他们在日常生活中实践生态文明的情况；生态友好型旅游产品的发展和接受度，分析生态友好型旅游产品（如生态旅游、绿色酒店、可持续旅游活动）的发展情况和市场接受度，高接受度表明公众生态文明意识有所提高。

（二）保护自然保护区

自然保护区是指为保护自然资源和生物多样性而设立的特定地区。它们通常包含了珍稀和濒危物种的栖息地、重要的生态系统以及具有科学、教育或休闲价值的自然景观。体育、文化与旅游产业的融合，不仅可以提升公众对自然保护区重要性的认识，还可以为保护区的保护和可持续发展带来资源和支持。对"保护自然保护区"进行评价可以从以下几方面入手：保护区状况，定期监测自然保护区的生态状况，包括物种多样性、生态系统健康以及人为干扰的程度，生态状况的稳定或改善是保护效果良好的直接指标；旅游活动管理，评估保护区内旅游活动的管理情况，包括游客数量控制、环境影响评估以及可持续旅游实践的采用情况；环境教育和宣传效果，评估保护区内及其周边的环境教育和宣传活动，如向游客提供的教育资料、解说服务的质量以及公众对保护区价值的认识情况。

（三）提高森林覆盖率

森林覆盖率是指一个地区或国家陆地面积中被森林覆盖的比例，它是衡量一个地区生态健康和环境质量的重要指标。森林对于维持生物多样性、调节气候、保持水土和提供生态服务都至关重要。体育、文化与旅游产业的融合，涉及对自然资源的可持续利用和环境保护的考量，可以促进森林保护和恢复，从而有助于提高森林覆盖率。对"森林覆盖率"进行评价可以从以下几方面入手：森林覆盖率的直接测量，通过卫星遥感数据、地面调查等方法直接测量和监测森林覆盖的变化，这可以提供关于森林面积增减的最直接证据；生态项目的实施和效果评估，评估与体育、文化与旅游产业融合相关的生态项目，如造林、森林恢复和保护区建设等项目的实施情况和效果；环境影响评估，对旅游开发项目进行环境影响评估，以确保这些项目不会对森林覆盖造成负面影响。

（四）提升环境质量

良好的环境质量不仅对人类的健康和福祉至关重要，也是可持续发展的基础。体育、文化与旅游产业的融合，如果管理得当，可以通过促进环保意识、提倡可持续实践和保护自然资源，对提升环境质量产生正面影响。对"提升环境质量"进行评价可以从以下几方面入手：空气和水质监测数据，定期监测和分析空气质量指数（如 PM2.5、PM10 水平）和水体污染指标（如溶解氧、重金属含量、污染物浓度等）来评估环境质量的变化；生态系统健康度，评估生态系统的健康状况，包括生物多样性指标、生态系统服务功能（如净化水源、控制侵蚀）的维持能力。

第四节　体育、文化与旅游产业融合发展的效益评价策略

一、定量评价

所谓定量评价，主要是通过数字、度量来收集与描述课堂教学现象，进而采用统计、比较与分析的方法对评价对象进行思维推断，并以数据形式反馈的评价。定量评价通常依赖数据和统计分析，能够提供明确、可衡量的结果，提供了一种客观、量化的方法来分析和评估体育、文化与旅游产业融合的经济和社会效益。通过定量评价方法，决策者和利益相关者可以更好地了解融合发展的具体影响，从而作出更有信息基础的决策。

在体育、文化与旅游产业融合发展的效益评价中，常见的定量评价主要有问卷调查法、统计分析法、实验方法，如图 7-4-1 所示。问卷调查法通过设计标准化的问题来收集数据。在体育、文化与旅游产业融合的背景下，问卷调查法可以用来收集来自游客、当地居民、业界从业者等不同群体的意见和反馈。这种方式可以量化地了解人们对于特定体育赛事、文

化活动或旅游目的地的满意度、偏好和期望。问卷设计需要精确且易于理解，以确保收集的数据的可靠性和有效性。通过对大量样本的调查，问卷调查法能提供具有统计意义的结果，有助于揭示消费者行为的普遍规律。统计分析法是处理和解释数据的核心工具。通过应用统计技术，如描述统计、相关性分析、回归分析等，研究人员可以从收集到的数据中提取有意义的模式和关系。例如，在评估体育赛事对旅游收入的影响时，可以利用统计分析来探究参观者数量与旅游收入之间的关系。这种方法不仅有助于了解产业融合当前的影响，还可以用来预测未来趋势和效果。实验方法则提供了一种更为严谨的方式来评估融合效益。在实验设置中，研究人员可以创建控制组和实验组，以评估特定变量（如营销策略、活动类型等）对参与者行为或态度的影响。在体育、文化与旅游产业的融合发展中，实验方法可以用于测试不同的产品、服务或体验对消费者满意度和消费行为的影响。通过这种方法，可以更准确地量化特定变量的影响，从而为产业发展策略提供有力的支持。

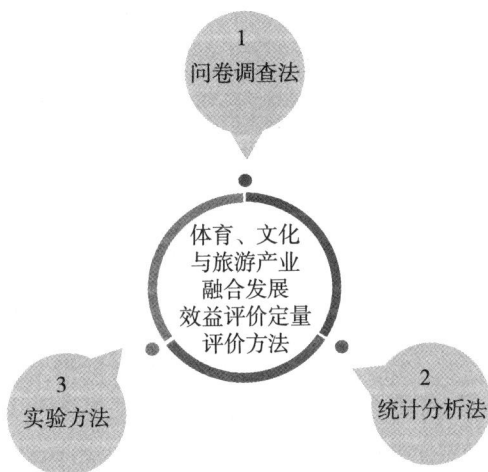

图 7-4-1　体育、文化与旅游产业融合发展效益评价定量评价方法

　　定量评价的开展面临着一些挑战。第一，需要确保数据的准确性和可靠性。第二，由于体育、文化和旅游产业的特点，某些效益（如社会和文

化效益）难以量化。第三，评价方法需要不断更新，以适应快速变化的市场和技术环境。采用科学、系统的定量评价策略，不仅可以有效衡量这种融合的效益，还能为政策制定和产业规划提供重要依据。尽管存在挑战，但准确的数据收集和创新的评估方法将为理解和促进这种融合发展提供强有力的支持。

二、定性评价

定性评价是对评价资料作"质"的分析，是运用分析和综合、比较与分类、归纳和演绎等逻辑分析的方法，对评价所获得的数据、资料进行思维加工。定性评价通过深入分析和理解个人和群体的体验、态度和感知，提供了全面理解这些影响的关键视角。定性评价策略对理解体育、文化与旅游产业融合的复杂性和多维度效应至关重要。

在体育、文化与旅游产业融合发展的效益评价中，定性评价主要包括文本分析法、专家评审法、访谈法、观察法、满意度分析法，如图 7-4-2 所示。文本分析法在定性评价中的应用，通常涉及对与体育、文化和旅游相关的文献、报告、新闻文章、社交媒体帖子等文本材料的系统分析。这种方法允许研究者深入理解公众对特定事件或活动的看法以及这些活动是如何被社会广泛地解读和讨论的。通过这种分析，可以揭示出隐藏在文字背后的情绪、态度和价值观，从而帮助评估者理解体育、文化和旅游活动在社会层面上的影响。专家评审法是通过邀请行业专家、学者或其他相关领域的知识权威，对体育、文化与旅游产业融合的效益进行评估。所邀请的专家通常有丰富的经验和深入的行业洞察能力，能够提供有关产业发展趋势、潜在问题和改进建议的专业意见。专家评审法通常依赖专家的主观判断，但这些判断基于其专业知识和经验，因此在评估复杂问题时具有重要价值。访谈法是定性评价中常用的方法之一，它包括与产业相关的各方利益相关者（如游客、当地居民、业内人士）进行的结构化或半结构化访谈。这种方法使评估者能够深入探讨参与者的个人体验、感受和看法。通过面对面或远程访谈，可以获得关于体育、文化和旅游活动影响的详细信息，这些信息对理解活动的社会和文化效益至关重要。观察法涉及对体育赛事、文化活动或旅游景点的直接观察，以收集关于行为、互动和环境的信息。这种方法特别适用于评估体验式活动，如节庆、展览或比赛，因为它允许研究者直观地了解活动的运作方式以及参与者的反应。通过观察，评估者可以获得活动组织、参与者行为和活动氛围等方面的第一手资料。满意度分析法是通过调查来评估参与者对体育、文化和旅游活动的满意程度。这通常通过调查问卷来实现，问卷中包含关于服务质量、活动内容、整体体验等方面的问题。尽管这种方法有其定量的特点，但通过开放式问题，它也可以收集定性数据，如对活动的具体反馈和建议。这种方法特别适用于评估活动的成功与否，还可以识别改进的领域。

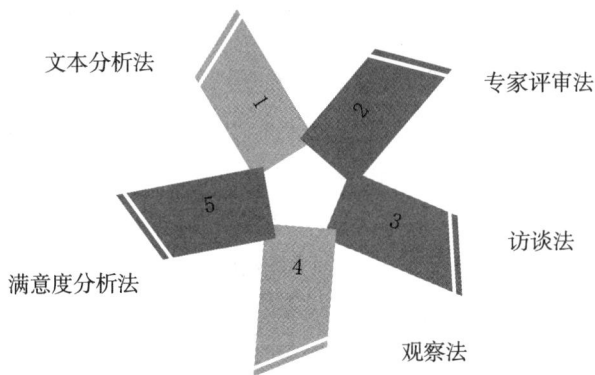

图 7-4-2　体育、文化与旅游产业融合发展效益评价定性评价方法

定性评价面临的主要挑战在于其主观性和解释性。由于定性数据通常基于个人观点和经验，因此可能受到偏见和解释的影响。此外，定性分析往往难以推广到更广泛的情境。

三、综合评价

体育、文化与旅游产业融合发展的效益评价策略中，综合评价是一种将定量评价和定性评价相结合的方法，旨在提供一个全面和多维度的评估框架。仅依靠定量数据或定性洞察是不足以全面理解产业融合效益的，综合评价可以更准确地捕捉到融合发展的复杂性和多样性，从而为决策者提供更全面、更深入的见解。综合评价的核心在于有效地整合和平衡定量与定性方法。定量评价侧重可测量的数据，如收入、访客人数和市场份额等，这些数据通常通过问卷调查、统计分析和实验方法获得。这些方法的优势在于能够提供客观、具体的数值，便于进行比较和趋势分析。定量数据可能无法完全揭示参与者的感觉、动机和体验，这是定性评价发挥作用的地方。定性评价，如文本分析、专家评审、访谈、观察和满意度分析，能够提供更深层次的理解，包括情感反应、个人体验和社会文化动态。

在实践中，综合评价策略首先需要明确评价的目标和标准。目标可能包括评估产业融合对经济的贡献、社会影响、环境可持续性以及文化多样性等。接着，设计一个包括定量和定性方法的评价框架。例如，在评估一个大型体育赛事的影响时，定量数据可能包括赛事期间的旅游收入、就业机会的增加和参与者人数，而定性数据可能来自对当地居民和游客的访谈，以了解他们对赛事的看法和体验。

有效地结合这两种方法的关键在于利用两者的互补性。定量数据提供了评价的"骨架"，帮助识别趋势和模式，而定性数据则填充这个"骨架"，提供背后的故事和深度。例如，定量数据可以显示旅游收入的增加，而定性研究则可以揭示这种增长背后的原因，如提升的服务质量、文化吸引力或改善的设施。

第八章 体育、文化与旅游融合高质量发展的创新案例

第一节 "京张"体育文化旅游带

一、形成了系列旅游产品

"京张"体育文化旅游带作为国家级的体育旅游规划项目，在短时间内实现了显著的发展。这一地区本身就拥有众多优质旅游资源（表8-1-1，数据来源：《"京张"体育文化旅游带建设规划》），而2022年北京冬奥会的成功举办，更是为该地区带来了具有奥林匹克特色和体育精神的体育旅游资源。冬奥会的举办不仅提升了"京张"体育文化旅游带的国际知名度，也丰富了当地的旅游资源类型。京张地区旅游资源类型的丰富推进了一系列旅游产品的形成，如图8-1-1所示。

表 8-1-1　"京张"体育文化旅游带旅游资源数量统计

旅游资源类型	数量 / 个
奥运场馆	25
大众滑雪场	21
世界文化遗产	6
全国重点文物保护单位	136
国家级非物质文化遗产代表性项目	61
国家公共文化服务体系示范区	3
高等级旅游景区	56
国家级滑雪旅游度假地	2
国家级旅游度假区	1
国家全域旅游示范区	2
全国乡村旅游重点村镇	11

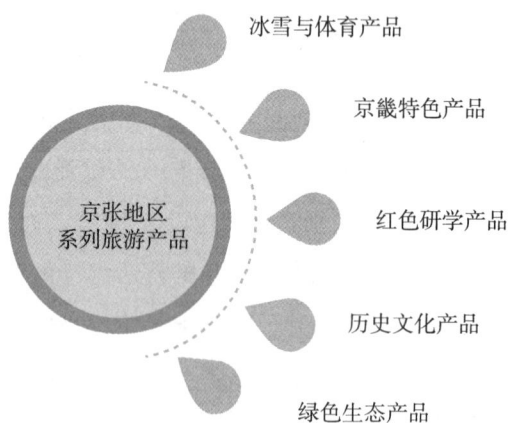

图 8-1-1　京张地区系列旅游产品

（一）冰雪与体育产品

"京张"体育文化旅游带采纳了独特的空间布局策略，即"一轴串联、三核引领、六区联动"，以全面推动该地区的旅游产业发展。这一布局将冬奥遗产体育文化旅游、延庆体育文化旅游、张家口体育文化旅游作为发展核心，力求打造一系列与冬奥、冰雪和全民体育相关的系列旅游产品。全国有 12 个国家级滑雪旅游度假地，京张地区就占有 3 个，显示了该地区在冰雪旅游方面的重要地位和发展潜力。2022 年北京冬季奥运会的成功举办不仅向全世界展现了中国的特色，更是兑现了中国对冬奥会的承诺。这一盛事通过高效利用奥运场馆、推广冬奥冰雪之旅和持续普及冰雪体育，最大限度地发挥了冬奥的效应，同时符合了低碳环保和可持续发展的理念。"京张"体育文化旅游带凭借其丰富的冬奥遗产和广阔的体育市场，成为具有独特优势的体育旅游目的地。这些特色使"京张"体育文化旅游带在体育旅游领域中脱颖而出，为游客提供了独一无二的体验。

京张地区目前拥有 25 个冬奥赛事场馆，形成了以石景山区—海淀区—朝阳区—延庆区—崇礼区一线为代表的冬奥会冰雪之旅路线。其中以国家游泳中心、首钢滑雪大跳台为代表的赛事场馆在冬奥会效应下也焕发着新的生机。国家游泳中心（又称"冰立方"）和首钢滑雪大跳台，在冬奥会后焕发新生。国家游泳中心不仅对公众开放参观，还推出了投冰壶体验活动和开放滑冰场地，成功实现了从专业赛事场馆向大众体育场馆及体育旅游场所的转变，为广大冰雪运动爱好者提供了极佳的场地支持，进一步推动了冰雪运动的普及和发展。首钢滑雪大跳台，坐落于具有浓厚工业历史的首钢园工业遗址，已成为北京的新地标。这座大跳台以其独特的工业风格和冬奥特色景观吸引了众多游客，成为热门的打卡地点。首钢园不仅是体育赛事的举办地，它还融合了冬奥特色体验活动、餐饮娱乐以及体育健身等功能，创造出一种独特的工业"朋克"风格与冬奥文化的交融，不仅让首钢园成为城市中的一颗璀璨明珠，也推动了冬奥场馆的有效利用和冰雪运动的普及，加速了冰雪运动产业的发展。

　　京张地区凭借其得天独厚的冰雪运动条件，如张家口崇礼区的雪量大、雪质优，成为中国适宜的滑雪旅游目的地。同时，北京市延庆区因地形多变和全年低温的气候条件，为冰雪运动提供了理想的环境。北京和张家口地区广阔的冰场雪场分布，为冰雪运动的普及和发展奠定了坚实的基础。随着"三亿人参与冰雪运动"的冬奥目标的提出，京张地区的冰雪运动产业经历了快速的发展，初步形成了以京张地区为核心的冰雪体育产品体系。这一地区不仅拥有众多单点的冰场和雪场，还发展出了像太舞滑雪小镇这样的综合冰雪产业集群，提供全方位的冰雪体验。借助冬奥会的举办的契机，京张地区的滑雪场和冰雪文化产业经历了品质的全面提升。从基础设施到服务水平，再到文化体验，京张地区利用冬奥会的赛事配套功能，全面升级了其冰雪运动和旅游设施，使其不仅成为冰雪运动爱好者的天堂，也成为推动地区经济和文化发展的重要引擎。

　　在冰雪赛事方面，京张地区作为中国冰雪运动的重要中心，近年来成功举办了多项国内外知名的冰雪赛事，如全国花样滑冰冠军赛、亚洲冰球联赛和国际雪联高山滑雪系列赛等。这些赛事的举办显著提升了京张地区在滑雪旅游方面的知名度，吸引了大量游客和运动爱好者的关注。此外，河北省政府将崇礼滑雪旅游纳入全省旅游规划，张家口市更是提出了将该市建设成为国际领先的"国际冰雪旅游目的地"和"国际冰雪体育运动胜地"的宏伟目标。京张地区正共同努力，致力提升和改良京张冰雪产品的品质，以满足日益增长的市场需求，并推动地区冰雪产业的发展，确保在冰雪旅游和体育运动领域的领先地位。

　　冬奥效应与京张冰雪两方的优势支持，使得京张地区成为华北地区游客的首选滑雪目的地。京张地区不仅吸引了大量本地游客，还成功地吸引了南方地区游客前来体验冰雪运动的魅力。"京张"体育文化旅游带以冰雪运动为核心，发展出一系列以此为主题的旅游产品，形成了冰雪产业的新格局。这些旅游产品不仅涵盖多样化的体育项目，还培育了新的体育消费热点，进一步凸显了"京张"体育文化旅游带的独特体育风味。此外，京张地区的冰雪旅游发展也助力了全民健身的进程，响应了中国建设体育强国的目标。

（二）京畿特色产品

北京是中华人民共和国的首都，孕育了丰富多彩的京畿文化。北京这座城市不仅以天安门、故宫、长城、圆明园、天坛等举世闻名的世界文化遗产著称，还因其悠久的历史和深厚的文化底蕴吸引着来自世界各地的游客。北京地区还拥有独特的非物质文化遗产，如景泰蓝工艺、京剧等，不仅为游客提供了深入体验的机会，也为"京张"体育文化旅游带增添了浓厚的文化色彩。北京延庆区的旱船、正月十五花会走街以及张家口市的蔚县剪纸、打树花等文化活动，也成为游客体验当地文化的重要内容。这些独特的文化元素不仅吸引了众多游客，还为京畿地区文创产品和旅游周边商品的创作提供了丰富的灵感和素材。

长城古道之旅是京张地区精品旅游线路建设的重点之一。这条线路从昌平区的居庸关长城开始，经过延庆区的八达岭长城和水关长城，穿越怀来县、赤城县、宣化区、万全区、桥西区和桥东区的众多长城段落，最终到达崇礼长城，为游客提供了一条独特的长城游览体验路线。这不仅让游客得以近距离感受长城的壮观和历史底蕴，还展现了长城沿线的多样风貌。为了进一步丰富游客的体验，居庸关长城和八达岭长城相继推出了"夜游长城"活动。这些活动通过灯光、音乐、文创产品和互动表演等多种元素的结合，为游客带来了全新的夜间游览体验。这不仅为长城赋予了新的生命力，还创造了京张地区的夜间经济消费业态，成为传统景区创新发展的典范。

别具一格的京畿特色产品在彰显京张地区地位的同时，通过对文化遗产的现代化改造升级与保护传承，实现了京畿文化价值、精神内涵、游览价值的融合，为游客提供了更加丰富和深入的文化体验，强化了"京张"体育文化旅游带的"文化"色彩。

（三）红色研学产品

京张地区作为中国革命历史的重要见证地，其"红色"特性显而易见。北京市有如卢沟桥、天安门广场、李大钊烈士陵园等数百个红色景区，张家口市也以董存瑞纪念馆等红色旅游景点而闻名。这些丰富的红色旅游资源不仅涵盖了红色文化旅游资源体系的大部分种类，还与影视、数字科技、文创、党史教育等多个方面进行了深度融合，形成了一个完整的红色教育资源体系。在京张地区，红色研学活动蓬勃发展，如京西山水嘉年华的"感悟初心"红色基地打卡游、香山革命纪念地的暑期研学游，这些活动不仅富有教育意义，还深受游客喜爱。通过开通这些精心设计的红色历史文化精品旅游线路，京张地区实现了对革命文物资源的充分利用和红色文化遗址的品质升级，为公众提供了更加深入和多元的红色文化体验。

此外，"京张"体育文化旅游带在推动融合发展的过程中，着重强调"研学＋旅游"的产品开发。依托这些红色旅游资源，该地区不仅传承了民族精神，还通过研学活动，让游客沐浴在党和国家的政治文化中，加深了对国家历史和文化的理解与认识。这种特色鲜明的"研学＋旅游"产品，不仅为游客提供了独特的旅游体验，同时为京张地区的旅游产业发展注入了新的活力，使其成为旅游、教育和文化传承相结合的典范。

（四）历史文化产品

京张地区位于中华民族南北文化的交界处，汇聚了京、冀、蒙、晋等多地的文化精粹。这里不仅有北京的威严风貌和儒家文化的谦谦君子之风，还融合了西北草原的豪放气质与北方游牧民族的古老习俗。独特的地理位置和历史背景，使京张地区成了一个人文荟萃、历史文化丰富的地区，其文化底蕴深厚，散发独特魅力。从历史沿革来看，北京人及山顶洞人旧石器文化遗址记录了早期人类文明与旧石器时代的猿人文化，是现存的北京最早的历史文化记录。张家口市涿鹿是孕育三祖文化的文明摇篮，代表着中华民族团结的基石。蜿蜒的长城象征着中华民族的精神，北京丰富的历史遗址，如故宫、天安门、太庙等，展现了北京深厚的古都文化底蕴，为探索华夏文明提供了独特窗口。京张地区独具特色的民俗与艺术文化历史也别具风味。其中，京剧作为中国传统文化的瑰宝，已有两百多年历史。它将歌唱、舞蹈、乐器演奏、武术等多种艺术形式融为一体，形成了一种独特的艺术风格和表演体系。京剧不仅在中国深受欢迎，也成为享誉世界的中国特色艺术。皮影戏这一始于西汉时期的传统艺术，以其结合历史与戏剧艺术的独特形式，深受各年龄段观众的喜爱。皮影戏不仅承载着丰富的文化内涵，其巧妙的操作技艺和精美的工艺也为京张体育文化旅游带的民俗体验增添了一道亮丽的风景线。源自明代的蔚县剪纸，以其独特的色彩、构图和工艺风格，在剪纸艺术界形成了自己的流派。这种独特的剪纸文化不仅被京张地区的居民所珍视，还通过连续举办的剪纸艺术节等活动，得到了更广泛的传承和发扬。

（五）绿色生态产品

京郊至张家口一带自然风光旖旎，既有冬季的冰雪奇观，又有夏季的绿水青山，是一个四季皆宜的旅游胜地。特别是延庆区，以其丰富的绿色生态旅游资源而著称。这里有牛羊成群的康西草原，景色秀丽的玉渡山风景区，如诗如画的妫河森林公园，如水墨画般的百里山水画廊景区，美丽宁静的野鸭湖湿地公园以及山清水秀的莲花山森林公园等，各具特色，各有千秋。延庆区充分利用这些自然资源，积极开展各类旅游活动以迎合当代旅游潮流，这里举办的帐篷节、露营节、徒步、骑行等活动，深受年轻人的喜爱，使延庆成为京郊游客的热门目的地。特别是野鸭湖湿地公园，以其独特的景色和"网红"地位，被选为首批"京张"体育文化旅游带的网红打卡地之一。

张家口市被誉为"首都后花园"，四季分明，近年来大力发展全季全域旅游。该市不仅补齐了冬季旅游的短板，还构建了多元化的自然风光旅游布局，包括"大好河山"文化生态传承展示核心区、京蔚生态人文观光走廊和草原生态旅游区等。春天，游客可以在沽源天鹅湖观赏天鹅与野鸭共舞，或是在小五台山感受万物的复苏；夏季，张北草原成为避暑胜地，桑干河大峡谷则提供刺激的水上漂流体验；秋季，滦河神韵与官厅水库成为欣赏秋色的绝佳地点；冬天，则可在太舞小镇享受雪景。目前，张家口市拥有 1 处国家级森林公园、3 个国家级自然保护区和 16 处省级森林公园，充分展现了其丰富的自然资源。在"京张"体育文化旅游带的建设中，张家口市全面推进自然风光与人文景观的融合发展，推动了区域同城化和一体化进程。通过这些举措，张家口市不仅提升了自身的旅游吸引力，也为京张地区的整体旅游产业发展注入了新的活力，同时为促进区域经济和文化的进一步发展做出了重要贡献。

二、品牌价值的发挥

（一）加快京津冀协同发展速度

"京张"体育文化旅游带的建设在京津冀地区的联动发展中发挥了关键作用。从交通来看，京张高速铁路作为 2022 年北京冬奥会的关键交通设施，自 2019 年开通运营以来，极大地加强了北京与张家口之间的互联互通。同时，延崇高速的建成，连接北京延庆与张家口崇礼，不仅直接服务于冬奥会延庆崇礼赛场，还成了京津冀一体化西北高速通道的重要部分，有效缓解了两地间的交通压力。发达的交通网络不仅缩短了北京与张家口之间的地理距离，更使得张家口丰富的旅游、体育和冰雪资源能够快速迎合京津地区的市场需求。而且，便捷的交通连接促进了京津冀地区体育文化旅游资源的整合，为区域内体育文化旅游产业的协同发展奠定了基础。

从生态来看，"京张"体育文化旅游带对湿地、森林、河流和湖泊等自然资源进行了全面的修复和保护，通过提升植被覆盖率，形成了京津冀地区的绿色生态屏障。这一举措在减轻风沙天气、治理空气污染、改善居民生活环境方面发挥了关键作用。同时，京张地区积极参与了北京与河北交界地区生态保护红线的划定，进行协同研究和对接工作，有效构建了区域生态安全格局。这些措施不仅提升了当地的生态环境质量，也为区域可持续发展奠定了坚实基础。

从产业发展方面来看，冬奥会的成功举办为"京张"体育文化旅游带的品牌建设奠定了坚实基础，同时极大地推动了京津冀地区冰雪及体育旅游相关产业的发展。这包括酒店住宿、餐饮服务、运动装备生产、冰雪运动装备租赁以及体育健康产业等多个领域。这些产业的蓬勃发展不仅直接提高了当地居民的就业率和家庭收入，优化了区域产业和劳动力的布局，还增强了京张地区冰雪旅游产业的辐射效应和聚合效应，推动了整个区域经济和社会的全面发展，为地区的长期繁荣和进步奠定了坚实的基础。

（二）推进区域经济高质量发展

"京张"体育文化旅游带以北京市和张家口市的奥运场馆所在区县为中心，通过在交通、产业、公共服务、生态环境等多个领域深化京张两地的合作，建立了一个区域性的体育文化旅游产业布局。这一布局不仅包括产品供给体系，还涵盖了高质量产业发展的综合体系，使其成为体育文化旅游融合发展的典范。冬奥会的举办使张家口这座作为中国四线城市的地区蜕变为全球瞩目的冬奥之城。"京张"体育文化旅游带的建设不仅延续了北京冬奥会的热潮，更持续推动了京张地区的经济高质量发展。这一发展模式有效地结合了体育、文化和旅游产业，为当地带来了可观的经济收益和社会效益，同时为其他地区提供了可借鉴的成功经验。

自申办冬奥会以来，"京张"体育文化旅游带地区积极推进全面的绿色经济建设。张家口市在绿色生态建设方面尤为突出，各区县创新了绿化模式。张家口市多措并举，化解过剩产能，大力推进清洁能源使用和公共交通网络建设，对工业企业进行重新布局。这些举措在治理空气污染方面取得显著成效，为京张地区的生态环境保护作出了积极贡献。如今的京张地区，正在朝着建设"绿色生态体系、绿色城镇体系、绿色能源体系、绿色产业体系、绿色交通体系"的目标迈进，不仅为地区居民带来了更加优质的生活环境，也为其他地区的可持续发展提供了范例，展现了环保与经济发展并重的现代化城市发展理念。

（三）拉动旅游消费新热点

京张地区的休闲度假旅游得益于其丰富的自然景观、人文历史、体育和文化资源，加之北京庞大的消费市场，为该地区旅游业创造了巨大的发展空间。各区县和景区推出了多样化的旅游产品，包括自驾、徒步、骑行等体育活动以及风格各异的休闲度假线路，吸引了众多游客。特别是露营、房车旅行和亲子野炊等活动，凭借着其亲近自然和趣味性，成为游客的热门选择。例如，海坨山谷的房车露营地等特色产品，为京张地区游客提供了全新的周边游选择。京张地区还举办了各种文化节庆活动，如帐篷节、露营文化节以及备受年轻人喜爱的张北草原音乐节，进一步丰富了旅游业态。"京张"体育文化旅游带也在不断探索和开发新的旅游玩法，如骑马、滑草、跳伞、漂流、登山等，以满足游客日益多样化和个性化的需求。这些丰富多彩的旅游活动和产品不仅提升了京张地区的旅游吸引力，也为当地经济的发展注入了新动力，使京张地区成了休闲度假旅游的热点地区。

周边游的火爆加之民宿潮流的来袭，使得京张地区的民宿业也迎来了发展的黄金时期。越来越多的游客青睐位于山林中的农家院或远离市区的幽静小院，以追求更加宁静和贴近自然的休闲度假体验。因此，一系列别具特色的民宿产品应运而生，如融合历史文化风情的不觉晓人文民宿、将酒店与长城景观有机结合的长城脚下的公社、以山景为主题的百里乡居民宿等，它们不仅体现了"因地制宜"的设计理念，还各具特色，为乡村旅游注入了新的活力。

三、京张地区持续完善营销渠道

"京张"体育文化旅游带的营销策略以直接营销为主导，辅以部分间接营销手段，以适应当前市场的需求。该地区不仅注重传统的景区门票直销方式，还与旅行社合作，招揽游客。通过这种结合直接与间接营销渠道的策略，京张地区有效拓展了市场覆盖范围，并对营销手段进行了创新和完善，以更好地适应不断变化的市场环境，吸引了更多游客，推动旅游业的持续发展。

（一）景区拓宽网络营销渠道，加强与消费者联系

随着网络平台功能的拓展，直播带货成为新兴的销售方式，引领了生产生活方式的重大变革。在当前的旅游市场中，越来越多的企业开始涉足旅行产品销售行业，如连锁酒店住宿套餐、景区门票加酒店套餐等。部分景区也在短视频平台上开设直播，帮助游客全面了解景区信息，解答疑惑，从而提高游客的旅游体验。"京张"体育文化旅游带的部分景区紧跟这一潮流，在各大短视频平台上通过视频讲解加直播的形式推广其产品。例如，西山滑雪场、云佛山滑雪场、八达岭滑雪场等大型雪场已在部分短视频平台上架官方门票产品。尤其是云佛山滑雪场，在进行产品讲解的同时，通过抖音直播普及滑雪知识，增强了产品的市场吸引力。

当前，年轻人成为旅游市场的消费主力。"京张"体育文化旅游带通过借助这些目标人群所热衷的网络平台和销售形式，能够更有效地触及潜在用户，提升产品的市场占有率。结合现代网络技术和传统旅游产品的营销策略，不仅顺应了市场趋势，也为旅游景区带来了新的发展机遇，同时为消费者提供了更加便捷和多元化的购物渠道，增强了消费体验，促进了旅游产业的繁荣发展。

（二）旅行社优化产品组合，满足游客多样化需求

近年来，旅行社在旅游产品的推广上进行了创新，区别于传统的组团方式，旅行社推出了更加个性化和多元化的旅游套餐，包括滑雪门票，还结合了往返大巴服务、专业滑雪教学、雪具和护具租赁等服务，为游客提供了全方位的滑雪体验。旅行社还设置了北京市区及周边城市的多个出发点，使游客可以根据自己的需求和偏好选择最适合的产品组合。例如，一

些自营旅行社推出了"国家高山滑雪中心滑雪＋龙庆峡景区 2 天 1 晚私家团"等体育旅游＋观光旅游的套餐以及"世园公园＋野鸭湖湿地公园 2 天 1 晚私人团"等配备专车和专属导游的高端团旅游产品。这些旅游产品通过将不同类型的旅游资源进行组合优化，不仅丰富了游客的选择，也增强了产品与用户之间的黏性。

四、官方推广取得初步成效

旅游目的地的成功推广是政府、企业与个体相互作用的综合结果。在互联网平台功能日益完善和网民群体不断壮大的背景下，旅游推广的方式也日趋多样化。各种营销推广手段不仅可以显著提升旅游目的地的知名度和美誉度，还是拓展旅游市场的关键步骤。"京张"体育文化旅游带作为一个新兴的旅游区域，现阶段仍处于建设的初期阶段。目前，官方推广是其主要的营销方式。政府部门针对旅游目的地的发展周期，实施了有计划、有层次的推广策略，已经取得了初步的成效。

（一）借力冬奥推广

2022 年北京冬奥会的成功举办，不仅使北京成为全球焦点，也让张家口获得了前所未有的关注。"京张"体育文化旅游带正是依托这一赛事建设而成，并利用冬奥会的契机进行有效推广。张家口市致力打造生态强市的典范，通过持续实施"蓝天、碧水、增绿、净土"四大生态环境行动，不断提升其生态环境支撑能力，为冬奥会的举办提供了优质的环境基础。以冰雪运动为主题、在张家口取景拍摄的电影《逐梦之风回雪舞》不仅弘扬了体育精神，更是有力地展示了京张地区的优美风光，进一步提升了该地区的知名度和吸引力。张家口文旅局在积极参与冬奥会的热潮中，创新性地推出了以冬奥为主题的系列文创和旅游产品。这些产品巧妙地将冬奥主题与京张地区的旅游资源相结合，为游客提供了更加丰富和深入的了解"京张"体育文化旅游带的机会。同时，河北省体育局也借助"三亿人参与冰雪运动"的契机，全力发展冰雪旅游经济，培育冰雪装备制造业，从而进一步完善"京张"体育文化旅游带的旅游产业体系。这些努力不仅丰富了京张地区的旅游产品，还推动了当地经济的发展，为"京张"体育文化旅游带的长远发展注入了新动力。

（二）多种渠道宣传

京张两地为推广"京张"体育文化旅游带，采用了多种官方宣传方式。张家口市文旅局在其官方网站上设立了"京张"体育文化旅游带的专题页面，从多个角度报道京张地区体育旅游事业的发展和活动。同时，《张家口文化旅游》杂志发行了以"京张休闲带活力奥运城"为主题的期刊，对崇礼冰雪体育旅游、怀来康养休闲度假、张北草原天路等特色旅游资源进行了深入讲解。北京旅游网推出了诸如"百里山水画廊一日游""玉渡山—野鸭湖湿地一日游"等多条与"京张"体育文化旅游带相关的休闲度假线路，为京张地区游客提供了更多周边游的选择。

"京张"体育文化旅游带的发展受到了政府和学术界的高度重视。在文化和旅游部资源开发司、北京市文旅局、北京市体育局等部门的指导下，有关部门举办了专门的"京张"体育文化旅游带发展论坛。在此论坛上，政府代表、企业领袖和专家学者共同探讨和提出了关于"京张"体育文化旅游带发展和建设的建议与意见。这不仅有助于创新体育文化旅游融合发展的新模式，也增强了"京张"体育文化旅游带的学术价值，并在高知识人群中取得了良好的宣传效果。此外，张家口文旅局充分利用"文旅张家口"微信公众号这一新媒体平台，及时同步"京张"体育文化旅游带的相关信息，推广各类精品旅游线路，进一步完善了新兴媒体的传播渠道。多样化的官方宣传方式，不仅促进了"京张"体育文化旅游带的知名度和影响力，还为游客提供了更加便捷和丰富的旅游信息，有助于推动京张地区旅游产业的持续发展和繁荣。

第二节　黄河流域体育文化旅游长廊

一、黄河流域体育文化旅游长廊的发展状况

黄河流域有丰富的体育、文化和旅游资源，这在新时代的发展中体现得尤为明显。对黄河流域的体育、文化和旅游业的发展进行审视，对于构建体育文化旅游发展带至关重要，这符合当前黄河流域生态保护和高质量发展的战略需求。尤其是在近些年，黄河流域覆盖的九个省区积极利用各自的区域优势，致力产业资源的整合和共赢，使得体育、文化和旅游业呈现出稳定增长的趋势，发展态势稳中向好。

黄河流域体育文化旅游的发展状况具体表现为以下三个方面。

第一，山东省的青岛奥林匹克帆船中心和海阳国家沙滩体育运动示范基地、山西省的运城市芮城圣天湖景区、内蒙古自治区的越野 e 族阿拉善梦想沙漠汽车航空乐园景区、河南省的焦作云台山景区、四川省的成都西岭雪山景区、陕西省的渭南市大荔县同州湖景区、甘肃省的冶力关国家 4A 级体育旅游风景区以及宁夏回族自治区的沙坡头国家体育旅游示范基地，[①] 这些都是将体育与旅游完美结合的典范，不仅丰富了体育旅游的内涵，还成为黄河流域的知名品牌，突出了旅游体验、文化传播和体育产业发展的重要性，成为黄河流域体育、文化和旅游融合发展的一个杰出示例。

第二，青海省的"世界屋脊"汽车探险旅游线为旅客提供了一种新奇和刺激的体验；四川省的中国四川大熊猫栖息地将野生动物保护与生态旅游相结合；陕西省的杨凌水上运动中心展示了水上运动与旅游的完美融

---

① 张诗雨、赵子建、张汪洋：《黄河流域体育文化旅游带建设的时代价值及实现路径》，《体育文化导刊》2021 年第 10 期，第 84-89 页、第 109 页。

合；河南省的鹳河漂流则为游客提供了深度的自然体验。这些活动不仅丰富了旅游形式，丰富了游客的体验，还促进了黄河流域经济的可持续发展，展示了区域多元化发展的巨大潜力。

第三，宁夏回族自治区的回族情景剧和河南省的禅宗少林音乐大典是黄河流域体育文化的杰出代表，不仅将体育和非物质文化遗产融入音乐与舞蹈中，还被巧妙地编排成大型情景剧，从而形成了具有独特魅力的体育文化品牌。这一活动不仅产生了巨大的经济和社会效益，还有效地推动了黄河流域的高质量发展。在挖掘体育文化旅游资源发展潜力的基础上，黄河流域地区注重文化创新，并明确了体育、文化、旅游各要素在产业带中的地位和分工。建设以体育为动能、以文化为灵魂、以旅游为载体的黄河流域体育文化旅游长廊，不仅构筑了一个集体育、文化和旅游于一体的跨行业综合性产业带，还展示了如何有效地结合这些元素，促进区域内的协同发展。

二、黄河流域体育文化旅游长廊建设的时代价值

黄河流域体育文化旅游长廊建设的时代价值主要体现在以下三方面，如图 8-2-1 所示。

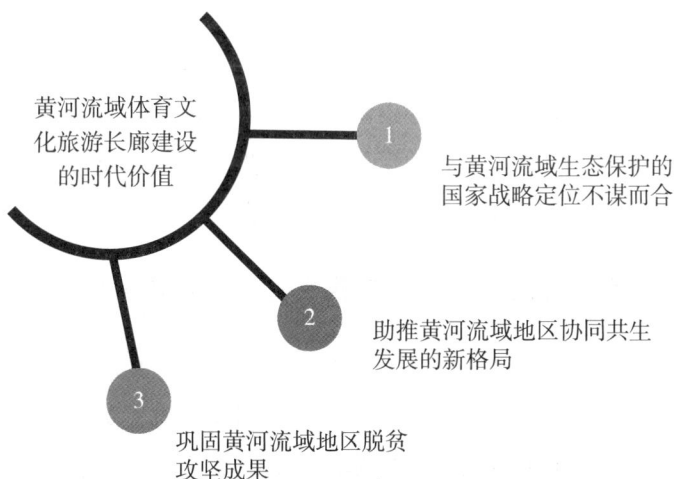

图 8-2-1　黄河流域体育文化旅游长廊建设的时代价值

（一）与黄河流域生态保护的国家战略定位不谋而合

黄河流域体育文化旅游长廊的建设紧密结合了国家对黄河流域生态保护的战略定位。

第一，黄河流域体育文化旅游长廊的建设充分体现了新发展理念，尊重自然与科学规律，优化资源配置。此项目重点投资资源高效利用、生态修复和环境保护等关键领域，体现了对生态可持续性的高度重视。为实现这一目标，黄河流域大力开展了多项绿色工程，如生态体育文化公园、生态文化廊道和黄河湿地公园，不仅促进了生态环境的恢复和保护，还推动了生态体育旅游和生态文化旅游等产业的发展，形成了一个集生态保护、体育和文化旅游于一体的综合性示范区。由此一来，该工程不仅加速了黄河流域的生态保护进程，也为该地区的经济增长注入了新动能。

第二，黄河流域体育文化旅游长廊的发展紧密结合了该地区的生态和文化优势，特别是在非物质文化遗产的保护和利用方面表现出色。通过深化对非物质文化遗产区域性整体保护的理解，黄河流域地区建立了多个融合非物质文化遗产、人文环境和自然环境的文化生态保护区，如热贡文化生态保护区、齐鲁文化（潍坊）生态保护区、羌族文化生态保护实验区、河洛文化生态保护实验区。这些国家级文化生态保护（实验）区遵循人文环境与自然环境协调共生、维护文化生态平衡的整体性保护原则，不仅保护和传承了非物质文化遗产，还促进了文化生态保护与旅游产业发展的和谐共生。这样的发展模式有效地促进了黄河流域体育文化旅游长廊的持续发展，同时契合黄河流域生态保护的国家战略定位。

（二）助推黄河流域地区协同共生发展的新格局

黄河流域体育文化旅游长廊的构建，不仅是区域旅游发展的重要举措，更是推动黄河流域九省区协同共生发展的新动力。黄河流域体育文化旅游长廊的共生系统由黄河流域的体育产业、文化产业以及旅游产业等共生单元构成。

第一，在黄河流域体育文化旅游长廊中，由于区域产业发展的多样性，体育、文化和旅游产业之间存在着丰富的共生关系。例如，青海省的海北达玉部落、瞿昙国际滑雪场、龙羊体育休闲旅游小镇、卡阳健身休闲基地等地区，已经实现了体育、文化和旅游的深度融合。混合型的共生模式不仅促进了产业间的相互支持和互补，还创造了一个多方位的交互平台，推动了业务、技术和产品方面的深度融合与创新。此外，黄河流域体育文化旅游长廊的发展也为黄河流域内九省区提供了一个共生发展的新模式。通过强化区域内部的联系和协作，黄河流域体育文化旅游长廊不仅提升了各省区的旅游吸引力和竞争力，还促进了经济的均衡发展。

第二，黄河流域体育文化旅游长廊的国家体育产业示范基地和运动休闲小镇是典型的互惠型共生体。例如，山东省的威海核心蓝区国家体育产业示范基地、河南省的鸡公山管理区户外运动休闲小镇、陕西省的金台区运动休闲特色小镇等，通过产业集聚效应，充分发挥了黄河流域在协同创新方面的优势，实现了体育产业规划的有效衔接和体育旅游资源的共享。互惠型共生体的建立，不仅促进了各地区之间的相互依存和协同发展，还为黄河流域内九省区的协同共生发展创造了新的格局。通过互惠共生的合作方式，黄河流域体育文化旅游长廊不仅提升了地方体育产业和旅游业的竞争力，还促进了区域内经济社会的均衡和全面发展。

（三）巩固黄河流域地区脱贫攻坚成果

黄河流域体育文化旅游长廊建设巩固了黄河流域九省区脱贫攻坚成果。

第一，黄河流域体育文化旅游长廊在全面实施国家战略中扮演了重要角色，特别是通过举办各类赛事活动，有效地促进了黄河流域九省区的脱贫致富。以赛事作为推动经济社会发展的手段，不仅带动了当地的经济增长，也为脱贫攻坚提供了新的动力。例如，山西省通过举办代县雁门关国际骑游大会、中国繁峙健球公开赛、"寻找美丽中华"定向越野赛等大型体育赛事，成功吸引了来自全国各地的游客。这一系列活动不仅增强了当地的旅游吸引力，还有效带动了山西省的经济社会发展，使体育赛事成为促进地区脱贫和经济增长的重要力量，不仅巩固了九省区的脱贫攻坚成果，还展示了体育文化旅游与地区经济社会发展相结合的成功模式。

第二，黄河流域体育文化旅游长廊促进了全域旅游的稳步发展，不仅加强了旅游产业与其他产业之间的优势互补，还特别强调了激活乡村旅游产业，为乡村发展注入了新的动力。黄河流域体育文化旅游长廊的发展模式不仅促进了地方旅游业的繁荣，还实现了乡村经济的可持续发展。

三、黄河流域体育文化旅游长廊建设的优势

在建设黄河流域体育文化旅游长廊的过程中，文化作为其灵魂核心，体育作为推动力，旅游则是实现形式。因此，重点在于传统文化资源的传承与新兴资源的整合。这要求在发展黄河流域体育文化旅游长廊时，不仅要保护和弘扬传统文化，还要积极探索和整理新兴的文化资源，确保文化的持续发展和创新，从而使体育文化旅游带能够更好地吸引游客，促进地区经济的发展。

（一）以体育为动能，彰显体育优势

以民族传统体育为标志的体育非物质文化遗产和新兴的体育赛事，是黄河流域体育文化旅游长廊在体育领域的代表性优势，不仅展示了黄河流域灿烂的中华文明和深厚的文化底蕴，还在推动体育文化旅游带发展中发挥着不可替代的作用。通过融合传统与现代文化，创新与传承，这些体育活动不仅丰富了游客的旅游体验，也成为展示黄河流域独特魅力和文化传承的重要窗口。

一方面，黄河流域体育文化旅游长廊体育非物质文化遗产主要凸显在武术、游戏、竞技和其他四个种类。第一，黄河流域体育文化旅游长廊在武术类方面呈现了丰富多样、门派众多的特点。黄河流域地区的武术，如张家枪、鞭杆、流星锤、太极拳、通背拳、华山拳，不但技艺各异，而且共生发展，形成了一种博大精深的文化景观。这些武术项目不仅历史悠

久、底蕴深厚，还具有独特的内涵和广泛的传播影响力，是黄河流域独有的文化，为黄河流域体育文化旅游长廊的独特魅力和文化内涵增添了丰富的色彩。第二，黄河流域体育文化旅游长廊的游戏类呈现出一种融合民族性、平等性、知识性、娱乐性和开放性的独特特征。黄河流域地区的游戏如动物棋、吉日格、嘴和、打瓦、回族打毛蛋、冰上阿日嘎，不仅是黄河流域人民智慧的结晶，还历经世代传承，深受当地人民喜爱。这些游戏类项目不仅体现了黄河流域深厚的文化底蕴和独特性，还成为该地区无可比拟的区域特色资源，为黄河流域体育文化旅游长廊增添了丰富多彩的文化元素，还为游客提供了了解和体验地方传统文化的独特机会。第三，黄河流域体育文化旅游长廊中的竞技类项目呈现出其在体能、心理和知识方面的特性，具有健身、娱乐和教育的多重功能。黄河流域的竞技类项目主要包括平阴独轮车、红原马术、沈氏摔跤、羌族推杆、挠羊赛、玉树抱石等，不仅在黄河流域传播广泛、影响深远，还具有独特的凝聚正向能量、传承和发展传统体育文化的特性。这些竞技类项目是黄河流域文化的独特展示，凸显了该地区的无可比拟的区域特色。第四，黄河流域体育文化旅游长廊中的其他类活动以其鲜活、生动和积极的特质，丰富了当地人民的生活。其他类活动主要包括宁津杂技、回族穆派魔术、太谷绞活龙、铁锁飞渡等，不仅为黄河流域体育文化增添了色彩，还体现了自强不息、厚德载物的民族精神。

另一方面，黄河流域体育文化旅游长廊的新兴体育赛事彰显了体育的本色，具有绿色、简约、低碳、活力的特征。新兴体育赛事主要包括内蒙古国际马术节、中国（中宁）国际轮滑公开赛、"李广杯"国际传统弓射箭邀请赛、潍坊国际风筝会、泰山国际马拉松赛、青海湖残疾人公路自行车赛等，不仅是体育竞技的展示，更是黄河流域自然美景与体育精神的完美结合。这些新兴体育赛事巧妙地将黄河流域的天然风光融入赛道设计中，延续了生态和自然的主题风格，不仅增强了赛事的观赏性和可参与性，还有效地发挥了体育文化旅游带的综合带动作用，激发了体育、文化和旅游服务消费的巨大潜力。

（二）以文化为灵魂，彰显文化优势

非物质民俗文化作为黄河流域体育文化旅游长廊在文化领域的核心优势，深刻展现了该地区世代相传的文化传统，凝聚着民族的性格、精神以及民族的真、善、美，是黄河流域人民沟通情感的重要纽带。黄河流域体育文化旅游长廊在非物质民俗文化方面主要体现在民间食俗、民间风俗和民间信俗三个方面。其一，黄河流域的民间食俗如宁夏八宝茶、蒙古族全羊仪式、兰州清汤牛肉拉面、西安肉夹馍等，不仅具有鲜明的地域特性，还体现了地区饮食文化的丰富多样性。独特的饮食文化不仅是黄河流域文化的重要组成部分，也成为吸引游客的独特文化资源。其二，黄河流域的民间风俗，主要包括蓬莱阁庙会、宝鸡民间社火、高台黄河灯阵、回族婚礼等，展示了该地区浓厚的地域文化底蕴和鲜明的民族特色。这些独特的风俗活动可以让游客深入体验当地的文化氛围。其三，黄河流域的民间信俗，如禹王传统祭祀文化、杭锦神祇祭祀、平定零祭等，反映了该地区深厚的原始信仰和文化传统，不仅促进了民族文化传统的传承，还塑造了民族的品格，进一步凸显了黄河流域的独特文化价值。

（三）以旅游为载体，彰显旅游优势

黄河流域体育文化旅游长廊中的 5A 级旅游资源是其在旅游领域的显著优势，它们强调人性化和细节化的服务，以游客为中心，体现了以人为本的旅游理念。黄河流域 5A 级旅游景区主要在自然资源和人文资源两大类上凸显其特色。一方面，黄河流域体育文化旅游长廊的自然资源包括九寨沟风景区、五台山、华山景观和灵武水洞沟旅游区等，它们展现了可用性、整体性、变化性以及空间分布的不均匀性和区域性等特点。黄河流域的自然资源不仅在生态层面具有重要价值，还在经济和政治层面扮演着关键角色。这些资源在一定程度上促进了人类文化的形成和发展，影响了国家和民族的历史、地理和价值观念。另一方面，黄河流域体育文化旅游长廊的人文资源主要包括成吉思汗陵旅游景区、麦积山景区、嵩山少林景

区、华夏城旅游区等，不仅具有活态性、传承性和多元性的特征，还有效地提升了传统文化的社会影响力。这些人文资源通过其历史的深度和文化的广度，实现了传统文化资源的永续利用，成为黄河流域的独特之宝，为游客提供了深入了解中国丰富多元文化的宝贵机会。

四、黄河流域体育文化旅游政策的发展

（一）产业融合程度持续深化，政策目标与产业布局逐步明确

体育文化旅游的兴起代表了旅游和体育产业发展的一个新阶段，它不仅是两个行业深度融合的产物，也是对现代旅游需求变化的响应。随着传统观光旅游无法完全满足游客日益增长的多样化需求，体验式旅游逐渐成为新的趋势。在这种背景下，体验类体育项目应运而生，与文化旅游相结合，形成了一个新兴的旅游业态。黄河流域的体育文化旅游政策发展轨迹清晰地反映了这一趋势。起初，体育文化旅游在政策中只是简单提及，随后逐步发展为更加多元化的旅游产品。到了高速发展阶段，体育赛事游成为体育文化旅游的龙头产业，进一步推动了这一领域的快速发展。在持续完善阶段，各省对体育文化旅游的发展进行了全面的布局和规划，这不仅表明了体育与旅游产业融合程度的加深，也显示了这一领域对地方经济和文化发展的重要性。

随着黄河流域体育文化旅游产业的逐步发展，黄河流域九省区在政策目标和产业布局方面展现出了日益明确的针对性和发展趋向。在自主探索阶段，这些省份的体育文化旅游政策大多集中于宏观目标的制定，内容较为概括。随着时间的推移，部分省份开始提出更为详尽和具体的产业布局建议。以青海省为例，其旅游政策中明确提出了"开发体育旅游精品线路、运动休闲体验游、品牌赛事观摩游、景区度假康体游、极限挑战探险游、高原民俗体育游等"的具体方案。在稳步发展阶段，政策目标总体演变为"开发特色体育文化旅游项目""培育品牌体育赛事"等，其中青海省建设了以西宁市为中心，以共和县恰卜恰镇、西海镇、循化撒拉族自治

县积石峡镇、同仁隆务镇为重点的自驾车旅游支撑城镇体系的产业布局。在随后的发展中，各省区的体育文化旅游政策开始呈现出更加明确的量化目标，并在产业布局上进行了详细的阐述。这些政策逐步形成了以特色体育文化旅游资源或重点城市为依托的区域发展布局，显示了各省区对体育文化旅游产业潜力的深刻理解和有效利用。

（二）政策主题逐步由"多元化"向"品牌化、精品化"方向发展

相关调查数据显示，黄河流域九省区体育文化旅游政策的发展重点正在显著变化。从政策主题角度来看，体育文化旅游产品开发和品牌培育的主题占据了较大比例，分别为31.07%和22.12%。值得注意的是，这两个领域在不同发展阶段均呈现出显著的上升趋势。具体来看，产品开发主题的占比从自主探索阶段的20.68%增长到高速发展阶段的41.56%，同样，品牌培育主题从自主探索阶段的6.90%增长到持续完善阶段的26.83%。[①]这些数据变化清楚地表明，黄河流域九省区正日益加强对体育文化旅游产品开发与品牌培育的重视。

在黄河流域体育文化旅游政策的自主探索阶段，体育文化旅游产品开发还处于初步阶段，主要集中于登山、户外营地、自驾游和体育赛事等方向。这一阶段的产品开发虽具有一定的吸引力，但在多样性和深度上尚未成熟。进入稳步发展阶段之后，体育文化旅游产品开始呈现出明显的多元化趋势。黄河流域体育文化旅游项目逐渐扩展到了低空飞行、山地探险、水上活动、潜水等更加丰富和多样化的领域。在黄河流域体育文化旅游产业的高速发展阶段，面对国民旅游业规模的扩大和品质的提升，品牌化的发展成为核心战略。这主要体现在"培育品牌赛事"和"打造特色体育文化旅游项目"等方面，旨在通过打造有吸引力的品牌和特色活动，提升旅游产品的市场竞争力和知名度。随着进入持续完善阶段，体育文化旅游产

---

① 郑璐：《黄河流域九省区体育旅游精品项目发展现状与优化策略研究》，硕士学位论文，河南大学体育学系，2022，第58页。

品的发展策略从品牌化逐渐转向精品化，各省重点着眼开发建设体育文化旅游的精品项目、精品路线和精品赛事，以提高产品的质量和特色，更好地满足市场和消费者的高端需求。

（三）政策工具中策略性措施政策具有指导意义

在黄河流域九省区体育文化旅游的发展过程中，政策重点转向环境型策略性措施的运用，这是因为我国体育文化旅游行业尚处于成长阶段，且产业内部驱动力有限，亟须政策引导以创造有利的发展环境。目前，黄河流域在体育文化旅游政策中采取的主要策略性措施工具聚焦于鼓励和引导发展，强化部门间的协作以及推动产业的融合发展，旨在为体育文化旅游产业营造一个更加开放和支持的环境，促进产业的健康成长和可持续发展，从而增强黄河流域作为体育文化旅游目的地的吸引力和竞争力。以河南省为例，相关调查结果显示，河南省策略性措施政策占该省体育文化旅游政策文本条目数量的57.44%，具体表述通常为"加快体育与旅游产业融合""支持相关体育文化旅游项目的开发""积极培育体育文化旅游品牌"等。[①] 类似的表述在黄河流域的其他八省也非常普遍。这一现象表明，黄河流域九省区的省级政府正致力通过优化体育文化旅游发展环境来促进各省的快速发展。这些策略性措施政策文本更多地包含鼓励和引导性质的内容，对体育文化旅游的发展产生了积极影响，不仅有助于推动体育与旅游产业的融合，也为旅游项目的开发提供支持，同时培育和提升了体育文化旅游品牌的影响力。

---

① 郑璐：《黄河流域九省区体育旅游精品项目发展现状与优化策略研究》，硕士学位论文，河南大学体育学系，2022，第57页。

第三节　长三角区域文体康旅一体化融合发展

一、加深共识，共促文体康旅高质量融合发展

　　长三角地区，覆盖了 35.8 万平方千米的土地，是一个富饶的地域，有丰富的人文资源和自然风光。这里汇集了众多海港、历史古都和优美的园林，为文化、体育和康养旅游的融合发展提供了得天独厚的条件。长三角地区之所以成为许多游客的首选目的地，不仅是因为其独特的地理位置，还是因为这里有着紧密的地缘联系、亲密的人际纽带和共通的文化底蕴。这个地区展现了中国深厚的历史文化和自然景观的和谐共存，吸引着国内外游客前来探索和体验。

　　长三角地区的文体康旅资源丰富且各具特色，形成了一个互补和多元的旅游网络。例如，上海市以其繁华的购物娱乐和会展商务功能著称；江苏省以精致的园林和充满人文韵味的水乡而闻名；浙江省的自然山水风光和深厚的历史文化底蕴；安徽省的田园风光和独特的徽派建筑，都为长三角地区增添了独特的魅力。长三角地区不断推出的多元化旅游品牌，为游客提供了丰富多彩的旅游体验，加强了长三角地区在文体康旅融合方面的地位和吸引力。文体康旅资源的有机组合，不仅丰富了旅游的内涵，也促进了地区间的互动与合作。

　　长三角地区在全面实施一体化发展战略中，文体康旅资源的丰富性和互补性为其发展奠定了坚实基础。《长江三角洲区域一体化发展规划纲要》中提出："联合推动跨界生态文化旅游发展。"[1] 这一要求不仅凸显了长三角

---

[1] 新华社：《中共中央 国务院印发〈长江三角洲区域一体化发展规划纲要〉》，《中国政府网》2019 年，https://www.gov.cn/zhengce/2019-12/01/content_5457442.htm?eqid=f9006385000006d600000003645efddf，访问日期：2024 年 4 月 17 日。

地区对于文体康旅一体化的高度重视，也为其未来的发展方向提供了明确的路线。通过这样的发展规划，长三角地区将能够更好地展现其独特的地域特色，吸引更多国内外游客，增强了其在全球旅游版图中的地位。

实际上，在《长江三角洲区域一体化发展规划纲要》正式发布之前，长三角地区已经开始积极探索文体康旅合作的多种形式。特别是在 2018 年 11 月，长三角三省一市的旅游协会发布了长三角旅游《苏州宣言》，这标志着长三角一体化发展过程中的首个行业共识的诞生，为长三角地区未来的合作与发展奠定了坚实的基础。长三角地区在文化、体育、康养、旅游这四个领域的共同发展，象征着一体化融合进入了一个全新的"春天"。这一地区积极采取措施，将文化领域中已有的存量资源与旅游发展中的增量资源进行有效结合，并与体育、康养领域进行创新性融合，旨在打造富有文化内涵且有利于强身健体的旅游产品，不仅提升了旅游体验的质量，也促进了区域内各领域的互动与融合。此外，这些努力展示了长三角地区在推动区域一体化进程中的积极态度和前瞻性思维。通过强化区域间的合作与交流，长三角地区不断提高其文体康旅的综合竞争力，为创造一个更加和谐、多元和可持续发展的旅游环境做出了显著贡献。

二、传承文化，打好江南特色"文体康旅牌"

江南地区不仅是一个经济共同体，更是一个情感和血脉相连的文化共同体。江南地区在几千年的历史沉淀中，不仅承载了中华文明的精髓，还培育出了具有独特特色的深厚文化。江南地区的历史与今天的长三角地区虽然在地域概念上有所变化，但其精神和文化内涵仍然深刻影响着这一区域。长三角主要涵盖了上海、江苏、浙江以及安徽等地，这些地区在地理上与古代江南有着高度的重叠，并继续承载和发扬着江南文化的精华。

江南地区以其悠久的历史和深厚的文化底蕴，在长三角一体化发展的背景下，再次成为历史舞台的焦点。长三角地区包括上海的海派沪风、安徽的徽韵皖风、浙江的越韵浙风以及江苏的吴韵苏风，这些独具特色的文化在相互融合中，不仅促进了长三角地区的发展，还塑造了三省一市人民共有的精神家园。在推动长三角地区的文体康旅一体化发展过程中，江南文化扮演着至关重要的角色。通过强化对江南文化的认同感，此地区的人们不仅能够增进区域内的文化共鸣，还能凝聚起更加坚实的合作共识。江南文化的传承与创新，对加强长三角各省市间的联系、提升地区整体的文化软实力以及推动经济和社会的全面发展，都具有不可估量的价值。因此，深入挖掘和利用江南文化资源，是实现长三角地区文体康旅一体化战略目标的关键路径。

江南古镇作为长三角冲积平原独特的文化象征，一直保留着其独有的古韵，引领人们深入探索其历史渊源。古镇不仅是长三角一体化发展的重要载体，更是展示区域文化魅力的关键。例如，上海的枫泾和朱家角、江苏的吴江同里和昆山周庄、浙江的嘉善西塘和嘉兴乌镇、安徽的泾县查济和黟县宏村等，都是具有代表性的江南特色古镇。这些江南古镇不仅体现了江南地区的传统建筑风貌和生活方式，还蕴含了丰富的历史和文化价值。将江南古镇作为长三角旅游的品牌形象，并加以整体推广，对提升长三角地区的旅游吸引力和文化影响力具有重要意义。由此一来，长三角不仅能够向世界展示其独特的地域文化和历史魅力，也能进一步加强区域间的文化交流和经济合作，共同推动长三角地区的持续发展和繁荣。

在探索江南的旅程中，无论是从地理还是文化的角度，苏州这座城市都是不可或缺的。苏州作为江南的代表，至今仍保持着典型的江南古城风貌，以其小桥流水和独特的水陆并行的双棋盘城市布局而闻名。这座城市不仅吸引了众多游客的目光，也成为国内热门旅游目的地之一。苏州的美，不仅在于它的传统风貌和历史文化，还在于它能够引起人们对古典美和宁静生活方式的向往。这里的古桥、流水、精致的园林和历史悠久的街巷，共同构成了一幅生动的江南水乡画卷。苏州不仅是一座城市，更是一种文化、一种生活方式的象征，它代表着江南文化的魅力和深度。对于那些寻找传统中国美学和想要体验真正江南风情的人来说，苏州无疑是一个理想的目的地。

例如，"浙东唐诗之路"不仅是一条山水文化走廊，更是一条将人文和自然风光巧妙融合的旅游线路。这条路线因其浓厚的诗意和画意，吸引了大量文人墨客。据相关资料，在全唐诗所收录的 2200 余位诗人中，有451 位曾经沿着这条风景线游历，并在此创作了许多广为传颂的诗作。①这些作品不仅记录了诗人自身的旅行感受，也为后人提供了一个深入了解唐代文化和风光的窗口。与之相呼应的是安徽的"皖南川藏线"，它隐藏在皖南的烟雨之中，位于苏浙皖三省的交汇处。这条线路因其优越的生态资源成为国内徒步和自驾爱好者的理想之地。这两条旅游线路的存在，不仅促进了地方的旅游业发展，还为人们提供了深入探索中国古代文化和自然美景的机会。这些旅游线路的特色和魅力，吸引着无数游客前去体验和探索。

三、地区联动，全力打造大运河文化旅游带

大运河是一条历史悠久的水道，不仅是中国古代工程的杰作，也是长三角地区发展的重要推手。大运河与长三角地区的发展紧密相连，彼此间的关系可谓相互融合与相互促进。在长三角一体化的战略下，大运河文化带与覆盖区域在很大程度上呈现重叠的趋势。长三角地区的 1300 多公里大运河水域，占据了整个运河全流域的约五分之四，流经该地区 15 座城市及上百个古镇。大运河不仅是一个重要的物理通道，更是多元文化的交汇点，融合了皖江、徽州、吴越、淮河、楚汉、淮扬等地区的独特文化。古老的大运河对长三角地区的人民生活方式和文化认同产生了深远的影响。有效地挖掘大运河的文化资源，不仅能够促进地区文体康旅融合的深化，更能让这条历史悠久的运河成为全社会的共同物质和精神财富。大运河的文化价值和历史意义在今天仍然极为重要，它不仅是连接不同地区的纽带，也是传承和弘扬传统文化的重要途径。通过充分地利用和保护大运河的文化资源，可以进一步提升长三角地区的文化软实力，促进区域一体化的高质量发展，加强地区间的文化交流和经济合作，推动长三角地区走

---

① 郭建强：《弹好文体康旅一体化"协奏曲"——对推动长三角地区文体康旅一体化发展的思考》，《体育视野》2021 年第 1 期，第 20-21 页。

向更加繁荣和昌盛的未来。

　　江苏省视大运河文化带和国家文化公园建设为发展新江苏的重大战略。在项目初期阶段，江苏省政府就投入了专项资金，用于大运河国家文化公园的建设和文体康旅一体化发展的推动。这一举措不仅展示了江苏对大运河文化保护与发展的重视，也预示着该地区在文化旅游方面的宏伟蓝图。同时，浙江省将大运河世界文化遗产作为其文化保护和旅游发展的重点。浙江省通过保护和传承大运河文化，旨在打造一条高水平的"江南丝路、通江达海"旅游带，同时确保在这一过程中不破坏大运河的原有文化价值。保护与发展并重的策略，有助于提升地区的文化与旅游吸引力。除此之外，安徽省致力不断完善大运河遗产资源目录，通过保护和利用如柳孜运河遗址等重要文化遗产，打造既具有优美自然风光又富含深厚文化内涵的大运河文化景观带。这一系列措施反映了长三角地区对大运河文化遗产的重视，不仅为文化遗产保护树立了标杆，也为推动长三角地区的一体化和可持续发展提供了有力支撑。2020年9月3日，第二届大运河文化旅游博览会开幕仪式在无锡隆重开幕。以"数说运河"为主题，此次博览会聚焦如何运用现代科技手段，为历史悠久的大运河注入新的活力。这一活动旨在探索大运河文化与文体康旅产业之间的高质量融合，期望通过科技的力量，使大运河的文化遗产在新时代下焕发新光彩，推动文化旅游产业的创新发展，实现文化与经济的双重增长。

　　长三角地区通过水的流动，实现了区域内城市间的融通与发展。利用水的包容性，长三角地区巧妙地将文化、体育、康养及旅游四个方面进行了有效整合。大运河的文化特色被充分利用，打破了传统地域文化的界限，使得这一历史悠久的水道成为一个闪耀着文化光芒的综合性旅游带。长三角地区的这一举措不仅强化了大运河的文化价值，也为地区内的文体康旅产业提供了新的发展方向和动力，使之成为连接各城市的文化和经济纽带，促进了区域一体化和文化经济的共同繁荣。

四、深度融合，摆好文体康旅一体化发展的棋局

共同的江南文化基因以及丰富的旅游、体育资源，为长三角地区实现高质量一体化发展提供了坚实基础。随着长三角一体化进程的加速，包括江苏、浙江、安徽和上海在内的三省一市的旅游交流活动日益频繁，市场资源的快速整合促进了各产业间的深入合作。长三角地区通过跨界融合文化、体育、康养以及旅游资源，激发区域经济增长的新动力，不仅丰富了旅游产品和体验，也为地区经济发展注入了新的活力。然而，在追求文旅一体化发展的道路上，长三角还面临着一些挑战，包括地区内日益加剧的竞争、资源的分散分布、相对较弱的聚集效应以及民族品牌和龙头企业数量的不足等。这些挑战影响着文体康旅的融合程度和深度，阻碍着长三角实现深度融合发展的目标。为了克服这些挑战，长三角地区需要采取更为积极和创新的措施。首先，加强区域内各城市间的协调与合作，通过共享资源、优化分布，提高整体的聚集效应，减少不必要的竞争。其次，加大对民族品牌和龙头企业的培育和支持力度，以增强区域内的产业引领力。再次，更加深入地挖掘和利用长三角地区的文化元素和标志性特点，结合各领域的特色，构建一个独具特色的长三角旅游品牌形象。通过上述措施，长三角地区不仅能够提升其作为"世界知名旅游胜地"的地位，还能促进文化、体育、康养和旅游的深度融合，推动区域经济和文化的全面发展。

2020年5月，长三角文化和旅游联盟联席会议在常州溧阳召开，会议就深化长三角文体康旅一体化发展提出了"五个一"倡议，为长三角地区文体康旅一体化发展提供了重要引导。具体来说，"五个一"倡议第一是"拧成一股绳"，意在通过不断协商完善合作机制，加强区域内的协同发展。第二是"同唱一首歌"，通过共同的努力带动整个产业的发展。第三是"同绘一幅画"，指的是共同创建一个开放且融合的市场环境。第四是"共推一卡通"，这一措施旨在通过合作提升公共服务水平，便利游客体验。第五是"编织一张网"，加强市场监管的联动，确保行业健康有序

发展。在推进长三角文体康旅合作的过程中，江苏、浙江、安徽和上海这三省一市都共同强调了将区域共识转化为发展动力的重要性，加强政策协调和资源共享，更关键的是在实践中取得明显成效。为此，三省一市共同努力建立了一系列重要机制，包括统一的安全应急机制、安全应急事件的联合处置机制以及游客出行安全提示制度。这些机制的建立旨在加强长三角地区文化与旅游安全部门之间的资源共享和优势互补，以确保旅游活动的安全。

在落实《长江三角洲区域一体化发展规划纲要》的过程中，长三角三省一市纷纷提出了旨在促进文体康旅一体化的新目标，共同推动区域的协调发展。根据这一文件内容，上海市致力提升区域文化协同发展的能级，打造统一的"中国长三角"品牌形象，并通过创建长三角非遗保护联盟，拓展入境旅游市场。这一战略不仅着眼于保护和传承文化遗产，还旨在通过品牌整合，提升区域的国际知名度和吸引力。江苏省强调文化政策间的互通互惠，优化文化资源配置，着力打造富有地区特色的文化形象。通过深化文体康旅之间的合作，江苏省寻求利用旅游资源推动这四个领域的一体化发展，从而实现文化与经济的双重增长。浙江省的目标是打造长三角文化产业的高地，共同构建长三角文化旅游生态圈。浙江省计划通过文化、体育、康养以及旅游的多领域合作，打造具有国际影响力的环太湖生态文化旅游圈，进一步提升该区域的文化和旅游影响力。安徽省着眼于建立高品质的长三角康养基地和红色旅游基地。在与其他两省一市的合作中，安徽省致力打造精品旅游路线，旨在通过综合利用不同地区的资源和优势，推动旅游产业的高质量发展。上述目标和计划反映了长三角地区在推进文体康旅一体化方面的决心和创新精神。通过不断加强区域内的协调与合作，长三角地区正在打造一个经济繁荣、文化丰富、旅游活跃的国际级旅游目的地。

五、安徽地区的文体旅融合案例

党的十九大报告将"区域协调发展战略"作为经济增长的重要举措，

长三角地区作为我国经济发展中较为活跃的地区，在国家经济建设大局中占据着举足轻重的战略地位。长三角区域各省市在经济、文化、卫生、交通等方面通过消除壁垒、打通渠道和深化协作，不仅促进了区域内的资源共享和优势互补，也显著提高了经济发展的效率和质量。安徽省正式加入《长三角地区体育产业协作协议》，为该省的体育产业发展带来了新的机遇。这一协作协议的实施，将进一步加强区域内体育产业的合作与交流，促进体育资源的共享，提升体育产业的整体竞争力，对于推动长三角地区乃至国家体育产业的发展具有重要意义。安徽省在体育文化产业方面的规模和发展相较上海、浙江、江苏仍然有待提升。目前，安徽的体育产业主要集中在体育制造业，而健身休闲和生态旅游产业虽有一定发展，但在体育竞赛表演、体育场馆服务、体育培训教育等领域的发展则相对缓慢。因此，在长三角地区一体化协同发展的背景下，优化安徽省体育文化产业的结构显得尤为重要。这意味着安徽省需要在保持体育制造业优势的同时，积极发展和优化其他领域，尤其是那些目前发展较为缓慢的领域。通过优化产业结构，不仅可以提升产业的整体水平和竞争力，还能促进安徽省体育文化产业的高质量发展，从而更好地融入长三角地区的整体发展大局。

（一）体育文化旅游成为亮点

安徽作为一个有丰富文化资源和独特历史底蕴的省会，其体育文化旅游产业展现出强劲的发展势头，成为地区经济发展的一个亮点。安徽省的徽州文化、淮河文化、皖江文化、运河文化等各具特色，其得天独厚的地理位置和历史背景，为发展体育文化旅游和健身休闲旅游提供了宝贵的资源和条件。这使得安徽省在全国范围内形成了具有自身特色的体育文化产业发展模式。近年来，安徽地区的体育旅游企业获得了多个奖项，彰显出其体育旅游产业的强劲实力和广阔前景。在 2023 中国体育旅游博览会上，庄子养生功（亳州市）、歙县三阳镇叶村叠罗汉（黄山市）、亳州晰扬掌（亳州市）3 个项目入选 2023 中华体育文化优秀项目，潜山市天柱山风景名胜区入选 2023 中国体育旅游精品项目。在未来，安徽省计划继续加大对体育旅游事业的投入和发展力度，与国际标准接轨，提升服务标准化和规范化水平，对体育旅游的基础设施、产品进行升级改造，增强体验感和吸引力，旨在进一步提升安徽的体育旅游品牌形象，将其打造成为安徽省的一张亮丽名片。

（二）积极打造自主品牌体育赛事

打造体育品牌赛事是落实健康中国战略、全民健身战略、推进体育强国建设的具体举措，也是对群众多样化、品质化、个性化的健身需求的回应。安徽省具有战略叠加、经济发展、区位交通、生态资源等多重优势，为打造原创品牌赛事、推动体育产业高质量发展提供了强劲动能。近年来，安徽地区积极打造具有地方特色的自主品牌体育赛事，成功提升了该地区在国内外的知名度和影响力。赛事如合肥国际马拉松、大别山国际马拉松、中国黄山越野赛和五禽戏养生健身节等，不仅展示了安徽地区独特的地理和文化特色，也为参与者提供了与众不同的体育体验。再如，"皖美山水"骑行赛原创品牌赛事，着力发挥安徽山水资源优势，体现赛事活动多元功能和经济价值。2024 年，"皖美山水"骑行赛升级为"中国·皖美山水"系列赛，并新增龙舟比赛项目，构建"山水一体"的赛事体系。在赛事期间组织开展龙舟文化节、旅游推介等配套活动，打造成为集体育赛事、传统文化、生态风光展示于一体的体育盛宴，让选手、观众在比赛参赛之余跟着赛事去旅行。这些精品体育赛事活动的成功举办，不仅吸引了众多国内外运动爱好者的参与，还大幅提升了安徽在体育文化产业领域的竞争力。特别值得一提的是，安徽省连续多次成功举办世界传统武术锦标赛，这不仅是对传统武术文化的传承和弘扬，也是对国际文化交流的积极贡献。通过高水平的国际赛事，安徽不仅推动了本地体育文化产业的发展，还为当地经济带来了显著的经济效益和社会效应。

（三）主动融入长三角体育产业发展的大环境

随着"长三角区域一体化"和"中部崛起"战略的实施，安徽地区的发展得到了大量政策的支持，特别在长三角区域一体化发展战略背景下，江、浙、沪等省市体育文化产业发展和市场机制等方面相对比较完善，安徽地区积极主动融入长三角体育产业发展的大环境中，通过与这些邻近省市的紧密合作与交流，不仅引入了先进的管理理念、市场运作模式和技术创新，还吸引了更多的投资和资源。这不仅提升了安徽在体育文化产业领域的竞争力，也带来了可观的经济效益。同时，促进了区域内体育产业的资源共享和优势互补，加速了体育产业的创新发展，有力推动了地区经济的整体提升。

长三角绿水青山运动会、"皖美山水"骑行赛、长三角汽车（房车）集结赛等一系列具有安徽特色的品牌赛事就是安徽省积极主动融入长三角地区发展大环境的典型文体旅融合发展案例，以体育赋能，放大赛事在促消费、扩影响、增服务等方面的溢出效应，将旅游、区域文化、商业、乡村振兴等多产业有机串联起来，激活体育旅游消费市场，不断做大赛事经济、拉动城市消费，促进长三角地区体育、文化与旅游深度融合和交流。

第四节　丽江玉龙雪山山地健康旅游

一、丽江玉龙雪山区域概况

丽江市位于云南省，拥有独特的地理与文化景观，其中玉龙雪山是滇西横断山脉东南末端的著名地标，也是欧亚大陆距赤道最近的地区之一，拥有现代海洋型冰川。这一优越的地理位置使得玉龙雪山不仅自然景观独特，区位条件也非常有利，可进入性极强。本书选取的案例主要集中在大玉龙景区，这一区域包括玉龙雪山核心景区及其周边的七个景区：玉水寨、玉柱擎天、玉峰寺、东巴谷、东巴王国、东巴万神园以及白沙壁画景区。此外，由于白沙古镇和玉湖村与大玉龙景区在空间布局和客源市场上具有密切联系，这些区域也被包含在本次研究范围内。

二、丽江玉龙雪山旅游业发展水平

玉龙雪山不仅以其壮观的自然风光闻名，也是丽江市的标志性旅游目的地。自 1984 年设立为省级自然保护区以来，玉龙雪山已经历了三十多年的发展。在这期间，它从一个主要以观光为主的旅游地逐渐演变成一个多功能的综合旅游目的地。现在的玉龙雪山融合了观光、探险、健身、文化、娱乐和科普教育等多种功能，为游客提供了一个更为丰富的旅游体验。依托优越的生态环境和旅游地理位置，玉龙雪山已成为国内外游客热衷的山地旅游胜地，持续吸引着众多游客前来探索和体验。

玉龙雪山主要包括以下六类旅游产品：①山地运动康体类旅游产品，包括各类体育赛事（越野跑赛事、公路自行车赛事）、徒步探险、滑雪等；②山地观光游憩类旅游产品，包括冰川公园冰川雪景、蓝月谷高原湖泊、玉峰寺、玉水寨、玉柱擎天、东巴谷、东巴王国、东巴万神园、白沙古镇、玉湖村等景点；③文化艺术类旅游产品，包括甘海子印象·丽江实景演艺、东巴《雪山神话》舞台剧、云杉坪爱情传说、玉水寨东巴文化研学活动、玉湖村纳西石头建筑文化及洛克故居、玉峰寺三多文化等；④休闲度假类旅游产品，包括玉龙雪山周围系列雪山度假酒店、东巴谷康养小镇（含房车、木屋别墅、帐篷酒店等）、高尔夫俱乐部等；⑤娱乐体验类旅游产品，包括冰川公园滑雪体验、蓝月谷服装租赁拍照、玉湖村骑马体验活动、玉龙雪山户外摄影（婚纱摄影）等；⑥科研科考类旅游产品，包括国家地质公园、冰川地质博物馆、动植物考察、地质遗迹考察、古冰川遗迹考察等。

基于多样化旅游产品，玉龙雪山现已发展成一个多功能的生态旅游景区。玉龙雪山不仅被评为国家首批 5A 级旅游景区，还获得了全国首批旅游标准化示范单位、全国文明单位（景区）、全国知名品牌示范、旅游行业全国文明旅游先进单位、全国"景区带村"旅游扶贫示范项目和国家级服务业标准化示范单位等 60 多项荣誉。这些奖项和荣誉证明了玉龙雪山在旅游业中的领导地位，也反映了其在推动地区经济发展、文化保护和社区发展方面的重要贡献。

从总体上看，丽江玉龙雪山区域的旅游业虽然发展水平较高并且保持稳步增长，但近年来增长速度已有所放缓，这表明玉龙雪山正面临转型升级的重要时期。云南省政府和丽江市政府均高度重视健康旅游目的地的建设，结合玉龙雪山目前良好的招商引资环境，积极推动其向山地健康旅游目的地的转型。通过这一转型，玉龙雪山不仅可以满足现代旅游市场对健康旅游日益增长的需求，也将为地区经济带来新的增长点，确保其旅游业的长远发展。

三、丽江玉龙雪山山地健康旅游资源

玉龙雪山拥有丰富的自然资源与人文资源，具体如下：

（一）高原山地气候资源

玉龙雪山地区独特的低纬季风气候特征是由其低纬度、高海拔和季风气候共同作用形成的。这一地区四季温差较小，最冷月平均气温为 5.9℃，最热月平均气温不超过 18℃，年平均气温大约在 12.6℃，干湿季分明，垂直气候差异显著，年日照时数平均约 2530 小时，主要集中在春季和冬季，拥有充足的光照和清新的空气。这些气候条件为玉龙雪山区域提供了适宜的旅游环境，使其成为理想的健康旅游目的地。

（二）森林资源

玉龙雪山位于全球生物多样性的十大热点地区之一，是我国著名的高山动植物资源库。这一地区从山脚的河谷到山顶，依次完整地呈现出中亚热带、温带到寒带的垂直自然景观。玉龙雪山拥有多种国家重点保护的珍稀濒危植物，包括丽江铁杉、长苞冷杉、领春木等。此外，该地区的药材植物资源极为丰富，包括冬虫夏草、雪茶、雪莲、麻黄、三分三、贝母、茯苓、木香等。玉龙雪山还以其丰富的高山花卉和动物资源闻名，这些资源不仅生物多样性高，观赏价值也极大。特别是裸美乐大峡谷区域的负氧离子浓度高，适宜进行森林疗养和森林徒步等健康活动，为游客提供了一个优越的自然疗愈空间。玉龙雪山的这些特点使其不仅是生物科研的宝地，也是生态旅游和健康旅游的理想地点。

（三）山地地貌资源

玉龙雪山作为横断山系沙鲁里山脉西支的主峰，是滇西大地槽的一部分。这条山脉的形成主要是在燕山运动和喜马拉雅山运动期间，发展成为如今人们所见的壮观山脉。玉龙雪山以其完整和壮丽的现代山岳冰川及第四纪中晚期冰川遗迹而闻名，是我国南方冰川景观保留最完整的区域之一。在海拔 4000—4200 米的高度，玉龙雪山发育有 19 条现代冰川，覆盖总面积达 11.61 平方千米。这些冰川类型繁多，使得玉龙雪山被誉为天然的"冰川地质博物馆"，不仅具有重要的科学研究价值，也拥有极高的观赏性。另外，玉龙雪山丰富的峡谷资源也为山地户外运动和高山猎奇探险活动提供了绝佳的自然场地。

（四）水体资源

玉龙雪山的冰川像一座天然的固体水库，形成了复杂的河流水系，除了黑水河、白水河等主要河流，还有众多的雪融泉源和高山湖泊。这些水体不但种类齐全、观赏性强，而且水质纯净，富含对人体有益的微量元素，已经被用作景区的饮用水源。适当开发这一资源，有助于推广健康旅游并增强游客体验。

（五）东巴文化资源

东巴文化主要包括东巴文字、东巴经、东巴绘画、东巴音乐、东巴舞蹈、东巴法器以及各类祭祀仪式。特别值得一提的是，东巴文是世界上唯一仍在使用的象形文字，其古籍在 2003 年被联合国教科文组织列入世界记忆遗产名录，显示其全球文化价值。尽管东巴文化具有可开发潜力，但目前在玉龙雪山地区的开发仍处于初级阶段。从健康旅游的角度看，东巴文化中的独特元素，如东巴医药理论、纳西族的健康生活方式等，都具有发展潜力。这些都为玉龙雪山的健康旅游发展提供了条件，吸引着那些对健康与文化养生有深度兴趣的游客。

（六）纳西族民俗文化资源

纳西族文化涵盖了古村落与建筑形式、传统生活方式、特色服饰饮食、婚丧习俗、宗教信仰、音乐歌舞以及各种节庆活动。特别是纳西族的传统体育文化，如射箭、打靶、打跳等，以及其独特的节日庆典，包括三月会、七月会、洗牛脚节、杀猪节等，都富有地方特色，为健康旅游提供了独特资源。目前，玉龙雪山地区对纳西族民俗文化的旅游开发主要集中在古村落和古民居的游览，这种开发倾向于物质文化的展示，精神文化元素有待进一步挖掘。

四、山地健康旅游产品

从玉龙雪山健康旅游产品的开发现状看，其产品主要包括以下三类：

（一）比较成熟的产品

1. 玉龙雪山国际高尔夫俱乐部

玉龙雪山国际高尔夫俱乐部坐落于玉龙雪山东麓甘海子，是亚洲唯一的雪山高尔夫球场。球场自 2000 年 4 月成立，并于 2002 年 7 月 18 日开始试营业。整个球场由专业设计师根据当地独特地形设计，包含 18 个洞和 72 个标准杆，全场总长 8548 码。该球场不仅以"世界上最长的高尔夫球道"和"世界上最长的五杆洞"两项吉尼斯世界纪录而闻名，还被誉为"亚洲十佳球场"和"中国百佳球场"，同时入选"劳力士全球 1000 家顶级高尔夫球场"以及"全世界十大最壮美球场"。此外，玉龙雪山国际高尔夫俱乐部也是国际高尔夫赛事的重要举办地，已成功举办了多项重要赛事，包括第七届全国高尔夫球会总经理联谊会、别克高尔夫邀请赛、宝马道农杯邀请赛等。

2. 马场农村合作社

马场农村合作社是玉龙雪山地区居民参与旅游业的重要方式，负责市场管理和规范收费。白沙镇玉湖村是该合作社的代表，村中有三分之一的人直接参与马场旅游服务，主要发展了"沿着洛克足迹，走进玉龙雪山"的骑马徒步生态观光路线，吸引了大量游客体验这一独特的旅游形式。通过参与合作社，村民不仅参与到旅游业务的各个环节，还能通过马场分红的方式获得经济利益。

3. 东巴谷徒步旅游路线

东巴谷康养小镇拥有三条精心规划的徒步旅游路线，现已正式对外开放并吸引了众多游客。其中包括历史悠久的茶马古道徒步旅游路线，这条线路设有骑马场和一座网红玻璃吊桥，深受游客喜爱。此外，环东巴谷景区徒步路线也提供了极佳的自然观光体验。每当旺季，该地区的日均游客量可达数千人，主要以团队形式出现。东巴谷还定期举办徒步越野挑战赛，进一步丰富了游客的活动选择，增加了旅游的吸引力。

（二）初步开发阶段的产品

GF 健康养生酒店位于东巴谷康养小镇，于 2018 年开业，环境得天独厚，为游客提供了一个优质的天然康养环境。酒店不仅设施先进，还配备了专业的健康管理团队，为客人提供超过 200 项的身体健康指标检测，以及个性化的健康风险评估服务。根据评估结果和客人的个人体质，健康管理专家会为每位客人量身定制一套综合的身心养生计划，包括养生药膳、药浴、瑜伽等，旨在帮助客人培养和维持健康的生活习惯，全面提升生活质量。

（三）有待开发的优质潜在产品

1. 东巴医药文化旅游产品

东巴文化是一个富有魅力且具有深厚历史价值的文化遗产，以独特性、代表性、完好性、现实性、艺术性、魅力性、可展示性和参与性著称，在国内外游客中具有极大的吸引力。目前，东巴文化主要在东巴万神园、东巴谷和玉水寨等景区进行展示，但这些地方的文化开发仍处于初级阶段。东巴文化中蕴含的健康养生理念是一个尚未被充分挖掘的领域，具有巨大的发展潜力。

2. 地方特色健康膳食产品

当地丰富的健康药材和食材是一大亮点，包括雪茶、冬虫夏草、松茸、羊肚菌、灵芝、天麻、三七、藏红花、雪莲、丽江山慈菇、丽江麻黄、马尾黄连等。它们不仅具有高度的药用价值，也是健康膳食的重要来源。目前这些特色食材和药材在旅游业中的利用主要限于部分团队旅游的购物环节，且受市场供应影响，一些药材的种植规模正逐年减少。为了更好地保护和利用这些珍贵资源，当地需要开发更加多元的参与模式，如将这些特色食材融入当地餐饮业，开发特色健康膳食产品，为游客提供独特的饮食体验。

3. 纳西民族文化旅游产品

纳西族的丰富文化资源主要体现在民族体育、饮食习惯、宗教信仰、音乐舞蹈以及节庆活动等方面。这些资源为开发具有民族特色的旅游产品提供了丰富素材，尤其是在开发山地健康旅游产品方面具有巨大潜力。在玉水寨内的纳西族民俗馆，虽然进行了传统手工艺的展示，但缺乏有效的新媒体宣传渠道。这就导致传播效益低，未能充分利用这些独特文化资源吸引更多人的关注和参与。为了提升这些文化活动的影响力和吸引力，当地需要积极探索并运用现代传媒技术，扩大宣传范围，更好地推广纳西族的丰富民俗和文化遗产。

总体看来，健康旅游的开发主要集中在运动康体类产品上，如越野跑、公路自行车赛、东巴谷和玉水寨的徒步探险线路等。此外，滑雪虽然受季节影响较大，但也是热门的健康旅游项目之一。除了这些主要的健康旅游产品，还有观光游憩、娱乐体验、文化艺术、休闲度假和科研科考等方面的旅游产品。尽管旅游产品种类丰富，但一些高质量的健康旅游资源仍有待深入开发。

五、旅游配套服务设施

（一）山地安全急救系统

玉龙雪山已建立了一个综合的山地安全急救系统，确保游客的安全与健康。该系统包括安全巡逻队、急救中心和救援队，形成了一个高效的应急响应和救援网络。安全巡逻队负责日常的安全巡查，急救中心提供现场的医疗救治，救援队则备有完善的救援装备，包括安全防护装置、预警装置、应急救援设备及紧急庇护所，以应对可能的紧急情况。此外，玉龙雪山的救援系统融救援、医疗和运输为一体，通过定期开展安全应急标准演练，不断提高救援效率和处理紧急情况的能力。这不仅加强了山区的安全保障，也提高了游客的满意度。

（二）旅游交通服务设施

由于玉龙雪山八大景区间隔距离较远，且某些景点之间方向相反，串联所有景区的旅游班车在时间和效率上存在不足。为解决这一问题，目前玉龙雪山设有两条方向不同的旅游专线班车，方便游客合理使用旅游专线和公交车来接近各个景点。尽管这种方式在一定程度上提高了访问效率，但其班次和站点设置仍然较少，一些景区需要游客在车站下车后步行一段距离才能到达。为了改善这一状况，玉龙雪山已经完成了多个生态停车场的建设，以便为自驾游客提供更好的服务。未来将开通丽江综合轨道交通1号线，起点位于玉龙雪山新游客服务中心，终点位于玉龙雪山甘海子，线路全长20.47千米，设置游客中心站、白沙古镇站、玉水寨站、东巴谷站、玉龙雪山站共5个站位。

（三）旅游信息服务系统

玉龙雪山开发建设"数字玉龙"系统，全面完成了景区的信息化系统工程。这包括无线网络的建设、综合管理系统的搭建、森林防火系统以及核心观光区域的监控设施等，使得景区能够实现对核心景点的生态保护、森林防火和游客行为的全面监控。自 2016 年起，玉龙雪山投入大量资金启动了智慧景区建设项目。该项目包括数据中心、指挥中心和呼叫中心的组建，以及统一通信网络、数据标准和指挥调度系统的推进。这一系列建设形成了管理、交通、服务、营销、环保和体验六大体系，及其下属的数十个应用子系统。

参考文献

[1]刘勇，范颖，李宁，等.横断山区域文体旅融合发展新模式 [M].成都：四川科学技术出版社，2019.

[2]曾博伟，张晓宇.体育旅游发展新论 [M].北京：中国旅游出版社，2018.

[3]潘丽霞.全域旅游视域下中国体育旅游发展研究 [M].北京：九州出版社，2021.

[4]刘跃东.我国体育旅游产业协同管理与科学发展研究 [M].北京：中国书籍出版社，2020.

[5]戴俊.体育旅游要素分析及其高质量发展研究 [M].长春：吉林科学技术出版社，2019.

[6]郭坚.体育旅游资源的整合与发展研究 [M].北京：中国书籍出版社，2021.

[7]王焕盛，李世军，徐晓伟.全域旅游视角下"体育＋旅游"产业融合创新发展研究 [M].北京：北京工业大学出版社，2020.

[8]周洪松.体育旅游市场开发及其可持续发展研究 [M].长春：吉林大学出版社，2021.

[9]李菲.我国体育旅游的相关理论分析与发展研究 [M].北京：中国原子能出版社，2018.

[10]周伟峰.体育产业与体育文化发展管理探索 [M].长春：吉林人民出版社，2022.

[11]白震，王幸新，杨莉.当代体育产业多元化发展研究 [M].长春：吉林人民
出版社，2021.

[12]朱亚成，张青，朱萍.西部体育产业与文旅产业融合发展研究 [M].北京：
九州出版社，2021.

[13]陈博.多元视角下体育产业的融合发展研究 [M].北京：中国经济出版社，
2020.

[14]刘英.创意旅游文化建设与旅游产业的融合 [M].沈阳：辽宁大学出版社，
2022.

[15]谢雨萍.旅游产业融合发展分析 [M].成都：电子科技大学出版社，2019.

[16]何敏.黔东南地区民族传统体育文化的旅游活化研究 [D].桂林：广西师范大
学，2023.

[17]胡翔飞.南京市文化体育旅游发展研究 [D].桂林：广西师范大学，2023.

[18]邬小玲.重庆市体育产业与文化、旅游产业融合水平及影响因素研究 [D].成
都：成都体育学院，2023.

[19]李宁.网红经济助力京张体育文化旅游带发展的路径研究 [D].北京：首都体
育学院，2023.

[20]吕然.文化资源视角下东北地区冬季体育旅游创新发展研究 [D].长春：吉林
大学，2022.

[21]郑璐.黄河流域九省区体育旅游精品项目发展现状与优化策略研究 [D].郑州：
河南大学，2022.

[22]岑艳萍.百色市体育旅游与红色旅游融合发展路径研究 [D].桂林：广西师范
大学，2022.

[23]汪力.京张体育文化旅游带视域下 2022 年北京冬奥会延庆区体育旅游发展
研究 [D].北京：首都体育学院，2022.

[24]韩蕾.共生视域下我国民族体育赛事的文体旅产业融合研究 [D].武汉：华中
师范大学，2021.

[25]黄艳梅.广西体育商业赛事"文体旅商"融合发展的调查研究 [D].桂林：广
西师范大学，2021.

[26]周义诺.乡村振兴背景下农旅文体融合发展的理论与实践研究[D].南京：南京农业大学，2020.

[27]祝瑞齐.南太行"体育＋文化＋旅游"融合发展的现状调查[D].郑州：河南师范大学，2020.

[28]常程伟.山西省文化、体育、旅游产业融合发展研究[D].太原：山西财经大学，2020.

[29]黄明智.海南文昌体育文化旅游产业发展研究[D].三亚：海南热带海洋学院，2019.

[30]孙鹏.少数民族体育旅游资源开发与运营模式研究：以海南槟榔谷景区为例[D].昆明：云南师范大学，2018.

[31]周家羽.文化创意产业与体育旅游产业融合发展模式研究：以西安市为例[D].西安：西安建筑科技大学，2018.

[32]罗小勇.少数民族传统体育实现教育功能途径研究：基于体育旅游视角[D].重庆：西南大学，2015.

[33]赵进杰.后奥运时代京张体育文化旅游带创新发展研究[J].河北工程大学学报（社会科学版），2023，40（4）：41-46.

[34]池陈成.成绵经济带文化体育旅游一体化发展及融合机制研究[J].产业创新研究，2023（23）：78-80.

[35]赵馨，常媛媛，刘耀龙.黄河文化旅游带体育非物质文化遗产与乡村旅游融合发展研究[J].四川体育科学，2023，42（6）：85-93.

[36]朱邱晗，方宁.数字要素驱动体育旅游产业结构升级：基于文化资本理论视角[J].体育科技文献通报，2023，31（11）：170-173.

[37]韩志超.黄河流域民族传统体育文化与生态旅游深度融合发展趋势及路径研究[J].聊城大学学报（社会科学版），2023（6）：43-50.

[38]马永强.山东黄河流域体育文化旅游长廊高质量建设研究[J].文体用品与科技，2023（19）：112-114.

[39]徐英微.冬奥背景下京张体育文化旅游营销渠道管理模式研究[J].当代体育科技，2023，13（23）：1-4，9.

[40]于潞潞.体验式体育旅游在民族传统体育非物质文化遗产传承中的作用[J].
辽东学院学报(社会科学版),2023,25(3):64-68.

[41]王鹏龙,冯宇鸿,周兴波.京张体育文化旅游带滑雪旅游发展的创新路径研
究[J].当代体育科技,2023,13(11):112-115.

[42]刘睿.长三角体育非物质文化遗产与旅游景区的空间关联分析[J].湖北师范
大学学报(自然科学版),2023,43(1):51-57.

[43]刘宝军,王利艳.体育文化与旅游产业融合发展的困境与破解机制[J].湖北
开放职业学院学报,2023,36(2):149-150,153.

[44]张国浩.体育文化与旅游产业融合发展的困境与破解机制[J].吉林省教育学
院学报,2022,38(12):154-157.

[45]谢祥山.全域旅游视阈下体育文化产业发展研究[J].体育师友,2022,45(4):
42-45.

[46]颜世亮,刘健,马红霞.新时代体育文化与旅游深度融合路径研究:以京杭
大运河文化带为例[J].德州学院学报,2022,38(4):83-86.

[47]刘建明,李月,金乃婧,等.北京冬奥会遗产视域下京张体育文化旅游带可
持续发展探究[J].体育文化导刊,2022(5):35-41.

[48]黄汉池."传统文化+休闲旅游+户外体育"的理论逻辑与实践启示:以"田
园综合体"为例[J].内江科技,2022,43(3):134-136.

[49]牛森,李爱增,韩志超.我国"一带一路"沿线特色体育文化与绿色生态旅
游深度融合发展路径选择研究[J].商丘师范学院学报,2022,38(3):61-
64.

[50]李哲,王诚民,陶梦.冰雪体育文化产业与旅游产业融合发展研究[J].边疆
经济与文化,2022(3):45-47.

[51]赵光勇,魏宁宁,杜志娟.体育文化与革命老区红色旅游资源融合建设困境
及对策研究[J].当代体育科技,2022,12(1):149-152.

[52]孙民,张雨刚,晋迪.体旅融合背景下民俗节庆体育的角色定位与功能调适
研究:以关公民俗节庆体育为例[J].武术研究,2021,6(12):119-121.

[53]周传志,喻丙梅.文化生态视角下民俗体育旅游的问题、原因及对策[J].闽

南师范大学学报（自然科学版），2021，34（4）：92-96.

[54]吴万鹏，魏朋. 关于体育产业与文化旅游产业融合发展的创新路径 [J]. 文体用品与科技，2021（22）：64-65.

[55]孙睿，秦元萍. 张家口市体育产业发展趋势与对策：基于京张体育文化旅游带建设的分析 [J]. 河北北方学院学报（社会科学版），2021，37（5）：74-78.

[56]张诗雨，赵子建，张汪洋. 黄河流域体育文化旅游带建设的时代价值及实现路径 [J]. 体育文化导刊，2021（10）：84-89，109.

[57]张立国. 民俗体育文化与旅游业高质量融合的要素与路径研究 [J]. 当代体育科技，2021，11（21）：176-178，182.

[58]贺莉，赵树桐. 体育文化旅游产业融合发展困境与破解机制 [J]. 鄂州大学学报，2021，28（4）：61-62.